学校见闻录

学习共同体的实践

佐藤学◎著　钟启泉◎译

华东师范大学出版社

上海市版权局著作权合同登记　图字:09－2014－068号

目录

中文版序

如何推进教育改革呢？一切的答案在学校的现场。我作为一个"行动的教育学者"，造访了日本国内的中小学约2500所，海外27国的中小学约500所，坚持不懈地从这些学校的儿童学习与教师实践的事实中得到学习。学校与课堂的造访乃是一种动人心弦的、令人惊异的经验。多少次的造访、多少次的课堂观摩，从没有令人失望：总是直面众多的难题，不得不去展开求解多元高次方程那般复杂的思索，并从每日每时同这些难题格斗、孜孜以求地展开学习的儿童与教师身上，享受多样的感动。一言以蔽之，可以为挑战学校与课堂改革的教师们提供实践性的启示。

这本《学校见闻录》是我从2009年至2011年的三年间学校造访的记录。本书如实地传达了当下日本"学习共同体"的学校改革的面貌。如今，我倡导的"学习共同体"的学校不断扩大，小学约1500所、初中约2000所、高中约300所，结成了松散的草根改革的网络。提供实践模型的先锋学校在整个日本约有300所，这些学校每年举办1000次左右的公开研讨会。这种改革的网络从十六年前就开始了，声势年年壮大。这种改革主导性地准备了未来的学校，这是确凿无疑的。大约在十年前，"学习共同体"的学校改革遍及世界各地，特别是近年来在东亚各国的普及，愈益显著。因此，本书第2部也介绍了世界学校改革的动向与历史背景。中国的教育处于巨大的转折点。在转型期的中国，我倡导的"学习共同体"的学校改革与课堂改革唤起了众多教育研究者与现场教师的关注。

迄今为止，我造访中国15次，足迹遍及上海、北京、咸阳、西安、哈尔滨、常州、重庆、成都的诸多中小学，观摩了学校改革与课堂改革的生机勃勃的进展。在"疾驰的中国"，学校教育也呈现出戏剧性的变化。这种变革学校、变革课堂的面貌，同本书中提示的世界与日本的变革的学校、变革的课堂，如出一辙。我们有必要以中日两国变革的学校、变革的课堂的具体事实为媒介，进一步相互学习。我确信，本书中提示的日本与世界各国的变革学校与变革课堂的面貌,会给中国的教师提供诸多的启迪。

每当我造访中国,都为中国教师们的崇高的使命感、豁达大度的知性与真挚的探究精神,感动不已。而且,我深深地感受到,在中国的教育学研究中,实践研究被置于前所未有的高度。但愿本书能够对教育学的实践研究有所启发,对现场教师的创造性实践有所触动。

本书同以往我的主要著作一样,承蒙尊敬的钟启泉教授亲自翻译。倘若没有钟启泉教授的翻译,我的诸多著作就不会得到如此众多的中国读者的青睐。我同钟教授的结识已有 30 年了,由衷感谢 30 年来钟启泉教授的友情。另外,华东师范大学出版社继《教师的挑战》、《学校的挑战》之后又出版了本书。本书是同前述两本书一脉相承的著作,同样能够得到华东师范大学出版社的出版乃是作者的莫大荣幸,在此谨致衷心的谢意。

佐藤学

2013 年 9 月 20 日

第 1 部

寻求内发的改革

造访学校，同教师合作

一、造访学校

2009年2月20日，造访新潟县五泉市立五泉南小学。这是继去年首次对该校造访。五泉市是一座位于新潟市与会津若松市中间的阿贺野河的河畔、人口不足2万人的小城市。核心产业是编织业，受近年经济萧条的拖累，工厂或倒闭或被兼并，处于凋敝的状态。

尽管经济上处于萧条的境地，但该市的教育环境绝非恶劣。基于根据革新市长的果断决策，"中心"方式的学校供餐被"本校"方式所替代，对各所学校的教师研修也大幅度地增加了预算。这一天，是五泉南小学继去年召开的第二次公开研讨会。这次公开研讨会的召开也是得益于教师研修经费的增加。那天，佐藤功教委主任忙里偷闲来到学校现场，视察课堂。"即便是一小时"的教育局长的来访，对于该校的教师研修也是莫大的激励。

虽说是暖冬，新潟的冬天却是浓云密布，寒风呼啸。这一天的最高气温不超过3℃，寒冷彻骨。校园里聚集了来自县内的130多名教师，参与该校的公开研讨会，我也是其中的与会者之一。

每当我造访学校之际，总是那么恋恋不舍，心动不已。我平均每周造访两三所中小学，已有32个年头了。造访的学校数，国内约有2500所，国外（23个国家）约300所。恐怕世界上没有哪一个国家有像我这样造访那么多学校的学者了。尽管如此，但我总还是感到"极不充分"、"尚不满足"。而且，尽管如此，每一所学校的造访总是给人一种新鲜的感觉，充满着无尽惊奇。这本《学校见闻录》旨在通过我对这些发现与惊奇的记述，为读者提供栩栩如生的学校动态。

当然，即便是描述学校的现实，也是困难重重的。学校的现实往往被教师的"隐私"所掩盖。每当我想就某件事作详细而客观的叙述之际，猛然之间总会碰到这样那样的"隐私"之壁。而且，学校是无数利害关系相互冲突的场所。即便就一所学校进行点评，也会在顷刻之间牵连到围绕这个事件的复杂交织的利害关系及其纷争之中。像我这样一个外来者，倘若就特定的学校给予描述或公开某个事件，是必须谨言慎行、承担责任的。

尽管有着重重的障壁与艰难，我之所以还毅然决然地撰写《学校见闻录》，那是因为，用学校现场的具体事实，来报告处于复杂转折期的日本的教育变化与改革动态，乃是教育学家的一项责任。学校是"教育的现场"。况且，任何教育改革的政策、理论、评论，都只能在作为"教育的现场"的学校之中，才能实现其功能，才能产生意义。然而，无论教育政策的决策者、教育学家、教育评论家都对作为"教育现场"的学校漠不关心，不想从"教育的现场"学到智慧。这样，政策徒劳、理论空洞、评论不着边际，自然是理所当然的了。

日本的教育同医疗、福利一样，也是借助"现场"来支撑的。即便处于无可挽回的行政、政治、大众媒体的挟持之下，医疗、福利、教育却仍然能够保证一定的水准、正常的运作，其缘由首先在于，"现场"直面挑战、锐意进取、有勇有谋。而今这个"现场"却处于崩溃的危机之中。

在这本《学校见闻录》中,我想通过仔细地描述学校这个"教育现场"的动态,从学校层面来验证今日教育改革的趋势,探索其可能性。

二、内发的改革

五泉南小学课堂改革的正式启动,是从三年前藤村郁也校长上任开始的。藤村先生同我相识,则是在他上任的两年前在新潟县退休校长加纳正纮先生主持的一次授业研究团队"新潟自我探索会"上。这个团队同我的关系已有十六年了。这个团队中的一位教师斋藤淳子先生在五泉南小学执教,藤村先生与斋藤先生机缘巧合,同在一所学校里以校长与研究主任的角色相互配合,于是很快地便揭橥"学校共同体"的旗帜,发起课堂改革与学校改革的挑战。改革启动之后的第二个年头的这一天,该校举办了第二届公开研讨会。

每当我造访学校之际,在倾听儿童的声音、凝视儿童的姿态与表情之中穿过校门的刹那间,这所学校是怎样一所学校? 比之上年度有哪些变化? 课堂教学的状态、旷课学生的人数、问题行为的数量? ——所有这些问题,几乎统统可以识别,误差不到一成。若要问起为什么是可能的? 我是难以回答的。或许这是一种经年累月积累起来的经验所形成的工匠的技艺吧。儿童的声音、姿态与表情是最容易说明问题的。一般而言,"风风火火的学校"是问题丛生的学校。倘是儿童的言行举止轻松自然,整个校园宁静沉稳,碰到的是一张张淡定自如的脸庞,那么,这所学校的教育肯定是优雅的、进取的。

造访五泉南小学的第一个印象是,儿童的声音、姿态与表情,比之去年更加温文尔雅了。不一会儿,同藤村先生、斋藤先生一起进入课堂,简直是刮目相看了。在去年的公开研讨会上,我曾感慨"只用一年的时间,就干得如此出色",可以说一年来的课堂改革获得了"惊人的进步"。在一二年级的课堂里,稳定扎实的相互学习关系(全员学习与配对学习)形成了,在3年级以上的课堂里,所有课堂都实现了4人小组的协同学习和有"冲刺"的学校。而且,这些4人小组的协同学习是由"夯实性学习"与"冲刺性学习"两个部分组成的,通过这两个部分的学习,"差生的提升"与"优质生的挑战"在同一个教学过程中同时实现了。

令人感动的是,每一个教师以协同学习为核心的新型教学方式,正在作为自己的教学风格形成起来。这一天,在观摩了所有课堂的公开教学之后新任第三个年度的山崎真纪子先生执教4年级理科的教学——《给东西加热的方法》,上了一堂作为"提案教学"的公开课,以这节课作为一个实例,进行"案例会商"。从这堂课的设计中我们可以看出年轻的山崎真纪子先生积极向上的挑战精神。同时,我们也可以从教学研讨会上每一个教师的发言中,发现每个教师都有相当大量的各具个性、形形色色的儿童学习的事实。作为与会者的我,在备忘录的每一页上都记得密密麻麻的。

三、创立基地学校

五泉南小学的充实的公开研讨会一结束,许多观摩者旋即前往市内的旅馆望川阁,参加加纳正纮主持的"新泻自我探索会"的冬季集训研究会。我这次参加已是第十二个年头了。在研讨会上,提供了三段课堂录像:静冈县富士市岩松中学(斋藤十朗校长)的2年级的数学教学、新潟县长冈市立川西小学4年级的"分数"教学、五泉市立五泉南小学5年级的文学教学。聚焦"学习共同体"的教学创造,展开集约性的协同学习。像五泉南小学那样,在一所学校里能够实现富有成效的教学研修是很好的,但对于机会少的教师而言,像这样一种集训研究,由临近学校的教师组织的团队展开教学的案例研究,是难能可贵的。正是这种研究网络,支撑着各地学校的一堂又一堂的课堂教学实践。

在这个集训研究会上,许多教师对于学校现状发出了诸多感叹与绝望的呼声。学校经营的形式化与官僚化,众多教师孤立无援,郁闷烦恼。社区与家庭分崩离析,众多儿童情绪波动,儿童之间的争吵与家长之间的斗殴此伏彼起,面对这些,教师疲于奔命。再者,教师的教学研修总是偏向于教学的技术,而不是关注儿童的学习事实,这就造成了许多儿童学力低下却置之不顾的现状。遗憾的是,几乎所有的教育改革举措并没有在学校内部得到教师们的支持,改革依然同课堂无缘,导致教师的繁忙与实践的混乱。

每当我造访学校,令人痛苦的一点是,学校是保守的场所。在小学受独特的保守性所支配的情况下,变革学校是非同小可的。掌握关键命脉的是校长。这里面,反映了新潟县的保守性,无论是教育行政还是校长,都是保守的。在别的县份,众多校长充当了创建"学习共同体"的学校改革的先锋,但在新潟县,这样的校长只限于以藤村校长为首的几个人而已。正因为此,年轻的中坚女性教师们的虔诚而优质的课堂教学实践,越发显得光彩夺目。

迈向教学相长的学校

一、危机中的学校

往往有人发问："理想的学校是怎样的学校?"——我是无言以对的。这是因为,我根本就没有考虑过"理想的学校"之类的问题。我在以往造访了2500多所学校,协助它们改革。我们所寻求的向来是最适于各自学校的模式,不去追求所谓的"理想的学校"。好的学校是多彩多姿的,好的学校是无穷尽的。各自学校的儿童、教师和家长感到最幸福的学校,就是这所学校应当追求的愿景,就是这所学校最适宜的面貌。

尽管如此,总是存在着任何学校应当共同寻求的要件。学校应当承担起建设民主主义社会的公共使命,必须同社区的家长与市民联手,推进学校建设——保障每一个儿童的学习权利,促进每一个教师作为专家教师的成长。我们就是这样,以这种学校改革的愿景与哲学作为"学习共同体"的学校创建,来加以推进的。

不过,近年来,创建所有儿童都垮不了、所有教师都垮不了的学校课题,越发严峻了。这种严峻性,或许是任何学校的教师都痛感地到的事态。经济危机与贫困的扩大威胁着儿童的生存权与学习权,使得家庭生活的经济、文化、精神的危机愈加深重。这种危机威胁着儿童的身心,带来情绪焦虑、逃避学习、攻击性行为、人际关系的障碍等等,在学校生活中困难的儿童急速增加。教师面对抱有这些复杂多样烦恼的儿童,日复一日地展开工作。另一方面,也造成了这些教师处在学校职场的繁忙、彼此孤立与见解的对立之中,憔悴不堪、度日如年。

面对这种学校的现实,让所有儿童垮不了、所有教师垮不了的学校,怎样才能被实现呢?每当造访学校之际,我深切地体会到,同时追求这两个目标是极其艰难的。我们往往会直面这样的事态:每一个儿童都垮不了,会导致教师垮掉;每一个教师都垮不了,会导致儿童垮掉。在这种场合,学校的责任只能是优先解决每一个儿童的学习权如何得以保障的问题,而其结局,仅从我介入的学校看来,近几年来,发生了许多教师辞职的事态。让所有儿童都垮不了、所有教师都垮不了的学校,究竟怎样才能实现呢?

二、优雅的风采

2009年9月19日造访的新潟县市立五泉南小学(儿童数553名)是实现了每一个儿童的学习权、实现了每一个教师作为专家彼此学习、共同成长的学校之一。该校着手改革是在三年前。作为该校的校长藤村郁也先生,同该校担任研究主任的斋藤淳子先生,由于一个偶然的机缘,成为我十五年间参加的教师自主研修的团队"新潟作为探索会"(会长加纳正纮)的研究伙伴。藤村校长同斋藤先生合作,向教师们提出把该校作为"学习共同体"基地学校来进行改革的愿景,并且着手以学校经营为中心的学校改革:推进基于协同学习的课堂创造的教师研修活动。自那时以来,我也每年造访该校,支援该校的教师展开课堂创造与教学研修活动,这次造访是第三个年头了。

↑五泉南小学平井凉先生的教学场景

无论造访哪一个地方,都一样。曾经的编织产业繁荣的五泉市的经济危机,一年比一年深重。中小编织企业集中的五泉南市的经济危机同东京、大阪的小型工商业集中区不相上下。在这种严峻状况之下,教师们说:"创建学习共同体的改革是唯一的出路。"正是凭借了这样的信念,该校也就一步一个脚印地走过来了。在藤村校长上任的三年前,该校辍学的儿童数是 18 名,如今除了一名家长经营私立学校让自己的儿子上学之外,辍学的儿童是零。在这样一所诸多复杂的焦虑因素交织着的儿童学校里,不让一个儿童掉队的协同学习学校,已经变成了现实。

上午的两节课时间是观摩所有的课堂。低年级的教学,无论哪一个课堂都洋溢着沉稳安详、亲密无间的氛围,展开着每一个人的个性与共性的相互交响的教学。每一个教师的话语和体态都那么温文尔雅,这种温文尔雅实现了对儿童的无微不至的关照。可以说,低年级儿童的课堂是表征学校教育素质的一个标志。低年级儿童的课堂教学观摩结束之后,我大体就可以确信,五泉南小学的教育实践取得了扎扎实实的进步。这个印象,通过高年级课堂教学的观摩得以确证。无论哪一个课堂,一言以蔽之,演绎着"优雅的风采"。例如,在任何一个课堂里,后进生、学困生的言行举止是无可挑剔的。后进生、学困生淡定地参与教学活动,各自富有个性地展开学习。这样一种儿童的面貌——相互倾听、相互学习的关系,是成熟的课堂教学的珍贵成果。

从这个意义上说,下午 6 年级课堂里平井凉先生执教的公开课《水溶液的性质》(参见第 8 页照片)和 2 年级课堂里铃木理佳执教的《减法的笔算》的课堂录像会商,是体现挑战上述课题的珍贵研修场所。平井先生挑战"模式化学习":在密封的塑料瓶里把二氧化碳溶于水的实验中,借助"语言"与"影像图",将溶解的状态加以模型化。铃木先生挑战"发现性学习":借助三位数退位减法运算式的挑战,发现减法演算的规则。任何一个课堂里每一个儿童的学习参与都是出色的,然而就差一步,为什么不能形成"学习的冲刺"呢? 我们可以具体地琢磨这样两个课题:沿着儿童学习的逻辑设计教学;把教材内容的学习转换为作为科学本质的学习。

迎来了来自县内外的 150 名热心的观摩者,这一天的公开研讨会取得了完满的成功。印象最深的是,公开研讨会结束之后,藤村校长讲的一番话:"我从年轻时代开始就一直致力于课堂研究,在不知不觉之间形成了以自己的'理想教学'的标尺去观摩同事的课堂教学的癖习。我深深感到,倘若不能从自己的鼠目寸光中挣脱出来,今后五泉南小学的建设就会裹足不前。"

这样的校长,正是支撑教师和儿童拥有"优雅的风采"的支柱。

三、希望的纽带

五泉南小学的公开研讨会结束之后，同 70 多名教师一道朝新潟市郊区的月冈温泉旅馆移动，参加从这一天到翌日的"新潟县自我探索会"组织的研讨会。这个团队每年举办一次合宿研修会，今年是第十五个年头了。主持会议的是有着从事长冈市、新潟市小学校长经历的加纳正纮先生。无论在任期间抑或退休之后，一直主持该会，培育着众多年轻的教师。今年也被这次合宿研修会的内容所吸引，有来自县内的 50 名和县外的 20 名教师参加。担当顾问的是我和来自成城大学的副教授岩田一正先生。

在"新潟县自我探索会"的合宿研修中，根据课堂录像展开录像会商。今年，是提示前述的五泉南小学铃木理佳先生的《减法的笔算》、大阪府和泉市立和气小学武内香先生的《司意迷》①，以及长冈市川西小学横山直子先生的《山梨》②的课堂录像，展开课例研究。

通过两天的合宿研修会，我深深感到校外自主性研究团队无可替代的重要性。任何一所学校都不可能充分地发挥"学习共同体"的功能。许多教师为了作为教师、作为专家的成长，像"新潟县自我探索会"那样潜心研究课堂教学的学习场所与网络是不可或缺的。当这种自主性的研究网络与五泉南小学那样的先锋学校一旦结合起来，学校改革的希望纽带就会更加坚固地拓展开来。

译注：

① 《司意迷》，小学 2 年级国语教科书教材。作者莱昂尼（leo lionni，1910—1999），系荷兰画本作家，美国、意大利插图画家。译者谷川俊太郎。日译本的正式题名为《司意迷——聪明的小黑鱼的故事》，"Swimmy"（司意迷）是故事主人公小黑鱼的名字。故事大意：在浩瀚的大海里有一群小鱼兄弟在快乐地生活着。全是一色的小红鱼，唯独有一条是黝黑的、游得比谁都快的小黑鱼，名叫"司意迷"。一天，一条金枪鱼一口就吞食了所有的小红鱼，唯独司意迷逃脱了。司意迷逃到黑沉沉的、寂寞恐怖的海底，伤心不已。但多彩多姿的海景使它赏心悦目，渐渐恢复了元气。当它观赏着五彩斑斓的海底世界的时候，司意迷发现在岩石背后有一群被金枪鱼吓坏了的、一动不动的小红鱼，司意迷邀请兄弟们出去玩，但它们胆战心惊，生怕被大鱼吃掉。这终究不是一个办法。于是，司意迷想啊想，突然喊道："大家一道游，装扮成海里最大的鱼的样子。"正当大家各就各位、相互关照，就像一条大鱼出游的时候，司意迷又说："我来充当大鱼的眼睛。"就这样，在清晨冰凉的、波光粼粼的海水之中，一条大鱼自由自在地邀游着。

② 短篇童话《山梨》的作者宫泽贤治（1896—1933），系日本昭和时代的诗人与儿童文学的巨匠，也是虔诚的佛教徒与社会活动家，被誉为日本的安徒生。代表作有《银河铁道之夜》、《规矩

繁多的餐馆》、《春与修罗》等，其著作被译成14种文字。

《山梨》开头说："这是在一条小溪底下拍到的两张蓝色的幻灯片。"整个故事就是通过这两张幻灯片映出的两个场景——"五月"与"十二月"——来构成的。作者在这里以细腻的笔触，描述了螃蟹兄弟经历的恐怖与焦虑，但很快从这个世界潜逃出来，借助螃蟹兄弟同螃蟹爸爸的交谈与美丽景色的描述，反映出螃蟹们其乐融融，生活在一个宁静和平的生活世界之中。

前半的"五月"，描写小螃蟹们和螃蟹爸爸在银白色的水底下有趣的关于"咕啦姆蚌"（系作者宫泽贤治的造语，作者想象中的一种水生物）、鱼儿及鱼儿被抓的命运、翠鸟、白桦树的花瓣的对话。"一个个水泡漂走了，小螃蟹们也接连'噗、噗、噗'地吐出了五六个水泡。水泡像水银般地闪着光，晃晃悠悠地斜着身子向上升去。"螃蟹爸爸来了。——"怎么了？怎么直打哆嗦呢？""爸爸，刚才有个奇怪的家伙来了。""什么家伙？""哦。不过，它应该是鸟啊。它叫翠鸟。不要紧，放心吧。它不会把咱们怎么样的。""爸爸，鱼儿去哪儿了？""鱼儿吗？鱼儿去一个可怕的地方了。""我害怕，爸爸！""不怕不怕，没关系。别怕。你们看，桦树花漂来了。快看啊，多漂亮！""数不清的白桦的花瓣，和水泡一起从水面滑了下来。""光的网摇晃着，伸缩着，花瓣的影子从沙子上面缓缓地滑了过去。"作者在这里以明媚的太阳的穿射中生命跃动的白昼的溪流作为舞台。在这个舞台上，由弱肉强食的争斗而引起的两种冷酷的死，从某种意义上说是现实世界的一种映射。

后半的"十二月"，描写"小螃蟹们已经长大了，水底下的景色也从夏天完全变成了秋天"。"因为月光太亮了、水太清了，小螃蟹们睡不着，便来到了外面，它们一边吐着水泡，一边默默地望着水面。"正当小螃蟹们在比赛谁的水泡更大时，"传来'咚'的一声"，"一个又大又黑的圆东西从水面上掉了下来，先向下沉，然后又向上浮去。还闪烁出一种金黄色的光芒。""'是翠鸟！'小螃蟹缩回脖子说。""螃蟹爸爸把两只望远镜似的眼睛伸得老长，仔细观察了一阵子，才说：'不对，那是山梨，它就要被水冲跑了，咱们快追上去看看吧！啊啊，真香啊！'""不一会儿，水哗哗地响了起来，水面的波浪掀起了蓝色的火焰，山梨被一根横长着的树枝卡住了，山梨沐浴在一片月光的彩虹之中。""怎么样？果然是山梨吧！熟透了的山梨啊，好香吧？""好像很好吃呀，爸爸！""等一下，等一下，再过两天，它就会沉下来的。到时自然就会酿成醇香的美酒，走吧，回去睡觉吧，来呀！""亲子螃蟹三匹回到了自己的洞穴。""波浪掀起的银白色的火焰，摇曳得更加猛烈了，像是吐着金刚石的粉末。"作者在这里以月光在水中穿透的静谧夜晚的溪流作为舞台，描绘了一个和平的充满理想的世界——尽管是一个辗转难眠的冰冷季节，然而螃蟹亲子却在温情脉脉地交谈，突然掉落下来的山梨又给它们带来了意外的幸运。

作者有意识地把两张幻灯片并置起来，让读者感受到"五月"与"十二月"场景中"动与静"、"冷与暖"、"昼与夜"、"翠鸟与山梨"等等的对比性冲击。这种对比，在"五月"的场景中也有"明与暗"的描写。此外，通篇巧妙地使用了比拟、拟声词、拟态词、色彩词、新造词，通过借助这些手法，情景得以鲜活地描写，螃蟹亲子周边的世界得以栩栩如生地描述。文中的"山梨"是作者故乡岩手县随处可见的一种落叶树，春末开白花，秋天结出黄色、红色的鸡蛋形状的果实。据说，如果把拾到的山梨放到割下来的草里捂上十天，就会去掉苦涩及酸味，非常好吃。

学校:源于内发的改革

一、源于内发的改革

学校的改革只能是内发的。不过,这种改革要得以持续,就必须有来自校外的支援。

这个命题,我称之为"学校改革的辩证法"。明治以来,日本教育政策的最大失误,不就是从学校外部强制性地进行改革么!

来自外部的学校改革,乍看起来是有效的、有生气的。但这些改革究竟有多少能够抵达课堂里的每一个儿童呢? 况且,这些改革又有多少能够作为学校实质性的变革,开花结果呢? 这些所谓的改革,不消几年抑或十几年,不都是灰飞烟灭了么! 或者,由于其后遗症,学校长年间不都在处于迷茫状态,教师和学生不都在这种迷茫中苦苦挣扎么!

学校改革对于儿童、教师、社区而言,倘若要求得实效,就不应当凭借外部力量去变革学校,而必须是从内部寻求改革。

即便这种事业何等困难,即便这种付出何等殚精竭虑,学校的改革只能是内发的,别无他途。

我每周造访两三所学校,同一线教师合作,也就是基于这样一种信念。在整个日本,大约有 20000 所小学、10000 所初中、5000 所高中。即便每周造访两三所学校,一辈子也只能造访一成左右的中小学。

不过,倘若能够同若干所学校建构起可以说是良好的合作关系,能够一道为学校的改革尽可能做得更好一点,这便是一名教育学家的宿愿。事实上,即便是一所学校要变革为更好的学校,也是极其艰难的。政治家、教育评论家、教育学家总是在滔滔不绝、高谈阔论,然而,哪怕是一所学校也好,你去跟一线教师合作,从学校的内部挑战一下改革看看。倘是这样做了,你就一定能够体验到变革学校是何等艰难的事业了。同时,你也一定会认识到,"学校"这样一种场域,是充满着何等潜在能量的场域。那么,可以肯定,他们自然就会被逼得缄默不语了。

幸运的是,众多校长和教师给予我众多合作的机会,多年来一直在参与众多学校的改革、展开合作研究。在这个过程中,遭遇到种种的挫折与失败,然而,从这种经验中学到的智慧却是无可限量的。

2009年2月,又给予了我造访一所新学校的机会,这就是岩手县奥州市立水泽中学。该校在佐藤孝守校长的领导下,已经持续三年在挑战创建"学习共同体"的学校改革。这是时隔数年后的又一次造访岩手县。

就我的印象而言,岩手、青森、山形、秋田这一些东北地区的教师们,尽管外表木讷文静,内心却热情澎湃。他们的行为举止老实本分,像我这样的关西出身的人是难以模仿的。对于久违的岩手县中小学的造访,本没有太高远的奢望,造访该校的印象却远远超出了我的期待。

二、改革的基地

虽说是2月末,从新干线下来,寒风刺骨,这是最高气温只有2℃的一天。然而,无论在学校的课堂里还是在校长室里,并不感到有一丝寒意。在这所学校里,分明弥漫着一股暖洋洋的空气。

水泽中学是一所拥有610名学生的大型学校,地处奥州市水泽区的中心地带。这是一个以"南部铁器"而驰名的地区。过去,有高野长英①、后藤新平②、斋藤实③等名流辈出,也是最近成为新闻焦点的小泽一郎的故乡。小小的城镇,只有富士通的工厂,富士通的工人也有2000人中的1000人正处于转岗的最萧条的境地之中。越是去偏僻的地方,经济危机的困难越是深重。所有这些都以肉眼看不见的方式直接冲击着学生们的日常生活。我觉得作为一名教师有必要洞察每一个学生日常生活背后所承受的负担。

　　我时时想起战前山形县的生活作文教师村山俊太郎的一句话："教师同儿童一道为世代的苦闷而忧虑，让课堂同社会的生活息息相通。"村山的这句话，对于今日的日本教师而言，依然不失为金玉良言。

　　一到学校，我就在佐藤校长的引领下观摩一个个的课堂。我造访任何一所学校的时候，首先观察的是学生的行为举止与交谈的语调。水泽中学学生们的言谈举止是那么纯真无瑕，不由得令我想起了自身曾经在这个小孤岛上的一段中学生活。学生们的温文尔雅也给予我深刻的印象。

　　初中3年级学生，处于升学考试的关键时刻，却不焦不躁，带着一种平常心，在从容、淡定地展开协同学习。从这种面貌可以断定，这所学校存在着某种力量，让学生浸润在充满温情与激励的氛围之中。这是一种让人想起在今日的中学校里大多丧失了的东西。正是水泽中学的学生们酿出的这种质朴与温和，给了我强烈的印象。

　　观摩了每一个课堂，发现所有课堂里的课桌椅都是按照"U"字形排列，所有课堂的教学都引进了男女生混合4人组成的小组展开协同学习。据说，引进这种模式已是第三年了。三年来实践的积淀是丰富的。在所有的课堂里，教师的话语并不是声嘶力竭的，而是以舒畅的语调同学生融洽地交流。

　　我是初次造访该校，却在这次造访中首次发现这样的学校：教师的话语是如此柔和、舒畅，同学生实现着对话性的沟通。这个事实说明，佐藤校长历经三年，把诸多教师派往静冈县和东京都的创建"学习共同体"基地学校,其研修成果在课堂改革中逐渐开花结果了。

显然,水泽中学在今后一定会作为岩手县学校改革的基地学校发挥作用。该校的课堂实践是那么稳定,学生们擅长协同学习,教师们提升了教学水准。仅仅用了三年的时间引领学校达到这个境界的佐藤校长的领导力,也是出类拔萃的。我再一次深切地感受到,在一所学校里,教师们拥有"改革的愿景"是何等的重要。

三、走向希望的挑战

同日下午,作为公开教学,阿部信博执教初中 1 年级的社会课《江户幕府的成立与锁国》,也举办了校内研讨会。在公共课中提供了这样一个史实:尽管闭关锁国,将军却接受了越南赠送的大象。"这样的话,也能说是锁国吗?"——围绕这个问题提出疑问和交换意见,展开了锁国的历史意涵及其背景的探讨。上课开始不久就进行第一次小组协同学习,在教学的后半段也进行了旨在"冲刺"、挑战高难度课题的小组协同学习。

这一天,初中 1 年级社会课的教学研讨会也是有效的。这是因为,1 年级学生不像 3 年级学生那样精通"协同学习",社会科教学的成败取决于"资料的选择"与"课题的设计"。这是一个检讨用怎样的课堂设计来体现协同学习的极好案例。

如同预期的那样,这堂公开课与教学研讨会再一次具体地验证了协同学习的意义,明确了协同学习在教学的设计与学习组织中的作用。这个班级的学生能够圆满地展开协同学习,看不出是 1 年级学生。尽管如此,在探究活动中随处可以看见优柔寡断的场面。这节课的前半部分"分享的协同学习"与后半部分"冲刺的协同学习",是多少有些勉强的。

阿部先生的教学风格是令人愉快的:上课伊始,话语简洁,专注于学生之间会话的链接,显得很有人缘,同学生们心心相印。有若干地方倘若能在稍微细致地观察一下学生之后再行提问就更好了。通过这样的点评,明确了该校现阶段创建"学习共同体"的问题,也凸现了该校今后的研究课题。三年的研究积累终究是可观的——这就是研讨会之后的感想。

同日夜,就在我乘新干线之前的剩下的时间里,举办了同该校教师的座谈会。以"晚上好"开场的座谈会,是福岛县、岩手县的特征。当"晚上好"开始的佐藤校长的致词之后,整个会场立刻洋溢着温馨的氛围。从早上就感受到的该校学生的稳健、温馨的氛围,就是这些教师的"同僚性"所创造的。我也沉浸在这种氛围之中,就像频繁交往了三年的老相识那样,感受到了该校每一个教师的亲近。尽管时间短促,但每一个教师都一个接着一个来到我的座位跟前,询问相当具体的问题。这些教师都是学习的能手。我本人倘若要成为学习能手的话,就需要东北地区教师的那种虔诚。这次的造访令人神清气爽,下年度对该校的造访也一定会是其乐无穷的。

译注:

① 日本南部铁器的历史从 17 世纪中期南部藩主从京都请来盛冈的铸铁师,打造茶具以及锅类制品开始发展起来的。南部铁器是日本最具代表性的传统工艺品。如今岩手县的铁器仍然以传统工艺铸造,其制品主要有铁壶、茶壶、火炉、铁锅、花瓶等。

② 高野长英(1804—1850),生于岩手县水泽市,日本江户时代末期著名兰学学者。1832 年完成日本第一本生理学著作《医原枢要》,1839 年幕府制造了"蛮社之狱",被终身监禁。1844 年监狱发生火灾,因此逃出监狱。1850 年被幕府发现,遭围捕后自尽。后藤新平(1857—1929),满铁总裁、外相、伯爵。1900 年与孙中山相识,参与策划惠州暴动。

③ 斋藤实(1858—1936)仙台藩一门水泽伊达家臣斋藤耕平长子。1884 年曾以海军中尉任驻美国副武官,日本海军大将,第 30 任首相。因主张遵守华盛顿海军条约而被激进派视为保守势力,在 1936 年(昭和十一年)皇道派法西斯军官发动的未遂政变——"二二六事件"中被杀。

为资深教师的教学改革所折服

一、学校改变，课堂改变

造访山口县宇部市常盘中学(校长白石千代)已是第三个年头。宇部市人口18万。明治以后，以煤炭产业而繁荣的小城市，尽管战后由于煤矿的没落，一时丧失了经济力，但形成了濑户内临海工业地带，以水泥产业著称。不过，世界经济萧条的浪潮也袭击着这个小城市，在每一所学校中，经济、文化各个方面存在困难的儿童在增加。曾经以煤矿产地作为校区的常盘中学，至今仍有大量家境困难的学生在走读。

白石校长赴任常盘中学是在2005年，当时是一所问题行为多发、苦于低学力的学校。白石校长担忧学生的现状，造访了同样以"薄弱学校"而知名的广岛市祇园东中学。当时北川威子校长推进的创建"学习共同体"的学校改革成果引人注目，点燃了他对改革的希望。2006年着手每一个学生都参与协同学习的改革；在所有班级里课桌椅排列成"U"字型，引进男女生4人小组的协同学习。我最初造访该校就是在那一年。

正如推进创建"学习共同体"的任何学校都能看到的，在常盘中学也是每一个学生都参与协同学习，辍学的学生数与问题行为的件数急剧减少。第二年学力水准也从市里的最底层上升到平均程度以上的水准，这种变化可以说是戏剧性的。

该校自主性改革的挑战带动了市内其他学校的改革。从2007年开始，该校作为宇部市教育委员会推行"课堂创新推进事业"的先锋学校，承担着作为整个宇部市学校改革基地的作用。2008 年度"课堂创新推进事业"的先锋学校,除了常盘中学之外,又增加了分歧波中学、黑石中学、楠中学。这些中学聘请富士市立岳阳中学原校长佐藤雅彰先生、广岛市立祇园东中学校长北川威子先生作为顾问,推进学校改革。教委的前田松敬主任一直支援这种改革的势头,自常盘中学改革之初就热切关注。每当我造访该校,前田主任会同教委全员一道观摩该校所有的课堂,他们一直在鼓励白石校长和教师们。如今,宇部市教育委员会正在把市内的所有学校(小学 24 所,初中 13 所)纳入创建"学习共同体"的学校改革规划,并推进着相应的"学习共同体"网络事业建设。从事同样事业的市、町、村教育委员会是不少的,但宇部市教育委员会的举措,可以说是最有力的举措之一。

二、持续改革的艰难

然而,经年累月的持续改革,在儿童周边的环境恶化与崩溃愈益严重的境况之中,决非易事。在第三次造访该校中学到的东西,就是这种严峻性。跟往常的造访一样,早上到了学校,整个上午观摩了所有的课堂,发现 2 年级的课堂零零星星。课堂里只有数名学生,也有几个懒懒散散、心猿意马的学生在场。在 1 年级和 3 年级的课堂里,热衷于协同学习的学生是多数派,但在 2 年级的课堂里,似乎在流淌着一股冰冷的空气,茫然若失、神情木讷的女生也不少。看看那些女生,即便在小组学习的场合,不时也可以看到她们互不搭讪的关系。如此这般,可以说,改革已经进入危险水域。

究竟为什么会造成这种状态的呢?打听下来,据校长说,经济困境直击着地区的经济,情绪焦虑的学生和在家庭里受到创伤的学生急剧增加,教师们疲于奔命,穷于应对这些学生。听着校长的话,我想到了中学陷入悖论的难处,以往也有好些中学经历过这样的难关。学生一旦荒废,教师便伤心不已,于是醉心于荒废问题的解决。然而这样一来,却导致了学校走向崩溃。教师越是面对学生的惨状心痛不已,学生越是沉迷于荒废。这种陷阱往往是难以看见的。一旦发现课堂里的全体学生已是处于冷若冰霜的状态了,教师上课的时间不过是对牛弹琴的时间而已。

为什么数名荒废的学生一旦出现,教师们就特别关注这些学生,围着这些学生团团转,却对大多数学生的"学习权"弃之不顾呢?学生越是陷入困境,教师应当越是专注于实现每一个学生的学习,创造出任何一个学生都不被忽略的课堂,而这是同实现那些荒废学生的"学习权"密切相关的。关于教师关注荒废学生却又产生课堂崩溃的悖论,是任何一所中学都应当认真加以讨论的课题。荒废的学校一定存在热血教师,荒废学生与热血教师建构起了共患关系。这一点,是我们必须重视的。为了不出荒废的学生,我们学校的教师就必须同荒废学生确立非偏执狂那样的关系。

学校必须是民主主义的场所。荒废的学生也是学校的主人翁之一,而课堂里那些安静、老实的学生同样也是学校的主人翁。我们的学校应当保障每一个学生同荒废学生之间的平等关系。否则,学校就不能从荒废中摆脱出来。这次造访,为我重新思考初中学校的改革中最困难、最重要的问题提供了珍贵经验。

三、从资深教师身上学到的智慧

这一天,为教学研讨会上公开课的是今年将要退休的资深数学教师古谷胜代先生。白石校长准备"退休前的花道"的这种安排也是出色的。

对该校的造访是第三次了,虽说以往只听过古谷先生数分钟的数学课,见过两次面,但印象淡薄。由于第一年度和第二年度拼命地抓没有问题的学校,即便观摩了古谷先生的数学课,也只是"这里很顺当,不错"一句话,应付了事,很快就转移到另一个课堂。可以说,我自身也陷入了"极度悖论的陷阱"之中。当我猛醒过来时,发觉古谷先生的数学课居然如此出彩。

↑古谷胜先生的教学场景

古谷先生的数学课是 3 年级的"无理数的导入"。古谷先生在设计这节课时，开发了谁也没有尝试过的新教材。首先，准备面积为 1 见方的正方形。用它就容易形成面积 4 见方的正方形和面积 9 见方的正方形。把面积 1 见方的正方形斜折过来，分成了两个部分，四个部分合起来，就形成了 2 见方的正方形。在前一节课时就做了这一点的基础上，进入本课时的教学。

本课时的第一个课题是使用面积 1 见方的正方形和面积 9 见方的正方形，形成面积 5 见方的正方形。第二个课题是，使用刚才形成的面积 5 见方的正方形和面积 1 见方的正方形，形成面积 3 见方的正方形。最后的"冲刺性课题"是，剩下的面积 6 见方、面积 7 见方、面积 8 见方的正方形，如何才能形成。就是说，使用面积 1 见方的正方形，可以形成面积 2、3、4、5、6、7、8、9 见方的正方形。这个数学上饶有趣味的课题作为"无理数的导入"单元加以设计。仅凭教材设计这一点而言，就可以响当当地说："真不愧是资深教师"。

上课伊始，更令我感动。古谷先生的言谈举止，和蔼可亲。尽管将近花甲之年，却宛如妙龄少女。简洁的课堂话语、自然的语气语调，渗透出古谷先生沉静的人品和她对学生的体贴入微。或许正是基于此，无论给出了何等难解的课题，学生们谁也没有显出讨嫌的脸色，而是兴致勃勃地期待着下一步的学习。

在上课开始的时点上，还有一点让我感动不已，那就是整个课堂洋溢着安心和信赖的氛围。浸润着这些学生的那种信赖感，究竟是什么呢？恐怕有两点：其一是，无论面对怎样的难题，小组的伙伴之间都拥有相互学习、相互理解的安心感和对伙伴的信赖感；其二是，只要有了古谷先生的指导，无论再难解的数学题都能够破解，这是一种对数学发生兴趣的信赖感。事实上，几乎所有这些学生都已经是"非常喜欢数学"的学生了。古谷先生的教学是何等富于魅力！

古谷先生的公开课醉倒了超过 100 名的观摩者。上课开始前，大部分观摩的教师都抱有疑虑：古谷先生设定的三个学习课题均远远高于初中生的水准，甚至连一直倡导"冲刺性学习"的我也抱有这样的悬念：古谷先生的教学设计是欠考虑的。但是，当教学一开始，我就知道这种悬念是多余的。在她进行模型操作，分男女生 4 人的小组进行协同学习过程之中，学生们接二连三地挑战并且破解了三个难题。这种授课是无可挑剔的。

古谷先生是一位文质彬彬的教师，每当我造访学校的时候，都深切地感到：日本的学校就是靠像古谷先生那样沉静的、出色的教师来支撑的。

进展中的高中课堂改革

一、改革的肇始

2009 年 6 月,造访滋贺县里彦根西高中(校长枥敏,普通科 320 名,家政科 240 名)。校门上方横挂了一条《"学习共同体"推进校——促进教学改革》的横幅,在蓝天下摇曳。在黄色与白色的布料上写着黑色的大字,分外耀眼。这一天,该校的公开教学研讨会,邀请了近邻的高中近 200 名教师参加,观摩该校所有课堂的教学和公开教学课。

前年以来,日本全国各地合作从事高中课堂改革的机会有所增加。特别是今年,发来的邀请函激增,每周可以收到数件邀请函。只能造访其中的一成左右的学校。我真切地感受到,每当造访这些学校,就会发生地壳变动般的课堂改革波澜。

每周发来邀请函的高中大体分为两种,即所谓的"薄弱校"和所谓的"升学校"。中等水准的高中发来的极少,而且意味深长的是,无论"薄弱校"还是"升学校",邀请函的内容大体是一样的:"课堂教学举步维艰,衷心期待您的合作,有效推进教学改革。"

说起来,这也是理所当然的。社会在如此急剧地变化,教育也该变了。然而,就日本高中的课堂风景而言,同半个多世纪以前一样,旧态依然,没有丝毫的变化,只是翻来覆去地重复着死板的划一教学,加上应试竞争的强制与基于分数的管理而已。然而,所有这些举措对于所有的学生几乎是失效的。在课堂上,突然趴下、耷拉着脑袋的学生,说悄悄话喋喋不休的学生,小动作连连不断的学生,以及一味记笔记却无所用心的学生,占了大半。真正参与教学、认认真真学习的学生,寥寥无几。即便如此,教师也得提高嗓门,完成教学任务。这种异常的课堂场景对于这些教师而言简直是司空见惯了。越是这样,教师越是得硬着头皮撑下去,教师正常的感觉与感悟也被麻痹了。同学生一样,教师也是旧式的应试教育课堂的受害者。

↑彦根西高中校门口悬挂的横幅

　　高中的课堂教学为什么会如此僵化呢? 其责任仅仅归咎于高中教师是不公平的。小学、初中的教育和教师的研修属于义务教育的范畴,所以文部科学省认识到了自身的责任,是一直积极地应对的。市町村教育委员会也是同样。但是,高中教育由于也有都道府县教育委员会管辖的部分,文部科学省除了公示《学习指导要领》之外,没有进行积极的干预。

　　另一方面,都道府县教育委员会仅仅局限于高中教育入学考试制度的设计与管理。可以说,关于课程内容与教学的改进,几乎放弃了责任,也不过问。

　　责任不仅在于行政。我们的教育学家去学校从事课堂研究的,几乎仅仅限于小学。造访高中、同高中教师一道推进课堂改革的教育学家,一个也没有。这些无责任的体制已在战后持续60多年了。像化石一般僵化的讲课风格的课堂就是其恶果。面对教师繁琐的翻来覆去兜圈子的课堂讲解，无论哪个学生都会嗤之以鼻，这是理所当然的。

来我的研究室访问的高中校长和教师异口同声地说："教师一言堂的课堂已到了登峰造极的地步。"实际上，在几乎所有的高中里，学生的学力水准从入学伊始就一路下滑。日本高中生的学习积极性与阅读量，其实已经跌入世界最低的谷底。围绕"学力低下"的问题，一直以小学、初中的教育为中心议论纷纷。然而我们必须深刻地认识到，其实关键在于高中。高中教育"品质"的改进，正是日本教育改革的核心所在。

二、学生的协同学习

彦根西高中课堂改革的挑战才刚刚开始，但无论是教师还是学生，一个个都生龙活虎、清新自然。所有的课堂都配置了"U"字形排列的课桌椅，所有的课堂都引进了男女生4人混合的小组协同学习。恐怕令每一个观摩者吃惊的是，没有一个学生是耷拉脑袋、说悄悄话、做小动作的。所有的学生都在切实地展开协同学习，这是由于学生们同支撑和激励协同学习的教师建立了信赖的情感的原因。

总的说来，教师语调的轻柔也格外突出。在需要教师好好解释的地方，教师并不是在一味地高谈阔论。同一般的高中相比，教师语调的强度和话语的份量被压缩到三分之一程度，从而调动了学生活动的积极性，学生的话语与思考是灵动的、纤细的。想象不到，这不过是改革才仅仅数月的场景。高中教师的潜在能量实在是卓越的，学生们无论在协同学习能力还是在沟通能力、人际关系创造能力方面，也远远地超越了小学生与初中生，他们毕竟是成人了。

彦根西高中曾经是退学、转学、原级留置极多的"薄弱学校"。所谓"出路变更者"的数量从五年前的90多名减少到去年的30名不到。退学者从5年前的58名减少到去年的19名。校长说，今年的目标是退学者减少到10名以下。课堂改革成效卓著。

仅仅靠课堂里的课桌椅改变成"U"字型的排列方式，靠引进小组的协同学习的方式，是提高不了学生的学力，培育不了对学习的希望的。另一个重要原因是，挑战高水准的学习（冲刺性学习）。恰恰相反，越是"薄弱学校"，越是必须引进高水准的学习。教师应当充分地认识到这个事实：退学的学生大半是由于对"教学水准过分低下"的绝望而导致的，对"教学水准过高"而绝望而退学的学生一个也没有。

不过,究竟怎样才能促进学力低下的学生挑战"高水准的学习"呢?彦根西高中的教师们在日常的教学中融合了两种学习,即"夯实"(保底)的协同学习与"冲刺"的协同学习。他们从正面挑战了这个包含了矛盾的悖论性的课题。

三、改革的进展

彦根西高中挑战课堂改革的契机源于以研修主任(夏原教师)为中心组织的一次全校教师造访"学习共同体"基地学校的活动。去年一年间,有 26 名(总计 31 名)教师实地考察高举"学习共同体"旗帜、推进课堂改革的高中,包括广岛县立安西高中、东京大学教育学部附属中学、长野县佐久市的望月高中、宝仙学园·中学高等学校(东京)、茨城县立茎崎高中等等。百闻不如一见,课堂现场的考察大体为这种经验的改革准备了出发点。对于改革而言,最为重要的是确立改革的愿景。没有改革的愿景,一切的改革都将归于泡影。

在考察全国的基地学校的过程中,于去年秋天招聘了名古屋女子大学的和井田节子先生(现任共荣大学教授)、东京大学教育学部附属中学的前副校长草川刚人先生(现任帝京大学教授)作为讲师,举办教学研讨会。两位讲师都具有在高中从事课堂创造的丰富经验,进行全国各地学校改革的会诊。招聘 2 名讲师的教学协议会明确了理想的课堂教学的具体形象,收到了良好的效果。

在下午的公开课中,超过 200 名的观摩者在体育馆观摩辻穗高先生的 1 年级英语课。辻先生是任教第二年的教师。据说,在作为初任教师任职的去年,他在英语蹩脚的学生面前,日日夜夜恶战苦斗。几乎所有的时间都花在了课文的译、读上,许多学生跟不上进度。从这种痛苦的经历中反思,辻先生在今年可以说发起了划时代的挑战。课堂里的课桌椅按"U"字型排列,男女生混搭 4 人小组的协同学习,不仅覆盖教学的全过程,而且事先把全部译文交给学生,减轻学生用于翻译的时间和精力,这样,使得英语课实现了更精彩的内容的呈现、更高质的学习。今年 1 年级的学生中尽管也有英语差的,但都能够同心合力,每一个学生都在兴致勃勃地学习。

实际上,在这一天的公开课中,从初步的读法阶段开始,尽管片假名的发音拙劣,但每一个学生都能准确地发出声音来进行"音读",令人感动。课堂中大体有半数的学生一个接一个地"音读"之后,学生们以小组的方式,根据教科书第 8 页涉及的文法事项,进行听力的协同学习、阅读的合作学习、英语作文的协同学习、内容理解的协同学习。这些一个又一个的课题，对于学生而言，统统都是要求"冲刺"的高水准的学习。然而，借助小组内的协同学习，几乎所有的学生都完满地达到了目标。这种学生的面貌正是彦根西高中的希望，是全国高中要求课堂改革的教师们的希望。

学校：地域风土的标记

一、地域中的学校

学校是地域风土的标记。每一所学校都是地域的历史与文化的集约点，这种性格是任何时代也改变不了的。如今，造访佐贺县杵岛郡白石盯的有明东小学（校长山村小百合）的时候，令我感触良多。前夜从嬉野温泉来，同深泽干彦先生（原静冈县热海市立多贺中学校长）一起乘前田教务主任的车，一路奔向学校。有明东的垦荒史可以追溯到幕末的藩政改革。道路全是过去的堤防，说明了垦荒的漫长的历史。

最初接受有明东小学的邀请是在三年前。山村校长花费了整整五年的时间，煞费苦心地致力于"学习共同体"的创建。在他即将退休的前夕，我终于实现了造访的念头。车子愈是往前跑，垦荒地愈是辽阔。有明东小学接近于浩瀚的垦荒地的海岸，一眼望去，就可以看见有明湾地域作为校区。仔细地观察，沿着海岸的防护堤作为开拓村建筑起来的民居，斑斑驳驳、歪歪斜斜。海浪拍打着学校朝向海岸一边的道路。由于长年抽取地下水，地盘下沉。该校的校舍在一望无际的田野上鹤立鸡群。最近的公交车车站需要徒步30分钟才能抵达，校区的半径达4公里。该校的校舍是钢筋混凝土建筑，才不过二十三年，但由于地盘下沉的影响，有些微的倾斜了。

有明东学校是在明治八年（1875）创办的。当时的校名叫牛屋小学，原是一块盐碱尚未根除的垦荒地，作为劳动力的牛的供应是当时生产的中心。创办六年之后上任、担任了二十三年校长的千布亨，推进"勤劳"与"秩序"作为两根支柱的教育。这是一个令人回想起垦荒史的逸话,至今仍然留下了明治四十一年(1908)造访该校的文部省督学官感激千布校长的热血教育的记录,高度评价该校的教育堪比被誉为日本第一的信浓教育。有一首《有明湾月亮赛科山(信)》的歌曲,就是歌颂这个事迹的。在学校正门一侧矗立着昭和二十六年(1951)建立的千布校长的功德碑,反映了开拓精神是如何形成地域的文化与教育的风土的。当我感慨万千,眺望旧校舍的照片、见到木造的旧校舍的时候,不由得想起北海道建筑物的雄伟而自豪。旧校舍的建筑与改建是从大正末、昭和十年代的时期开始的。同以"满蒙开拓"为代表的对外侵略扩张并驾齐驱,在日本内地的山地和垦荒地也在活跃地展开移民与开拓。有明这个地方的校舍反映了那段历史的一个片段。

垦荒地劳动的严峻性至今也没有变化。当地的人们从事海苔的养殖与旱地洋葱的栽培,全年无休。山村校长说,该校的教学参观日,让母亲们兴高采烈的是,能够大家轻轻松松、悠然自得地"松一口气"的时日,唯有教学参观日。从那一天家长们热心参观的神情也可以看出端倪来。不仅如此,试观摩一下 1 年级的课堂,尽管上学已有半年了,还有将近四分之一的儿童只能断断续续地读出教科书的字句,这是今日学校罕见的场景。当地的劳动是由全家族的劳动来支撑的,家长们没日没夜疲于奔命。

地域的风土与学校里儿童状况的关联,不仅仅如此。到了 4 年级以上的学年,女生上学显示出消极的倾向。母亲们日夜在为祖父母和社区的人们操劳而生活。有明东小学的存在本身,就是作为凝聚着垦荒地风土的学校而存在的,它承担着延续并再造这种文化的使命而展开着教育的活动。

有明东小学的出色就在于它全盘地接纳了地域的历史与文化,领悟家长与居民的热情信赖与期待,并且取得了超越这种信赖与期待的成果。我本人通过对该校的造访,痛感抽象地空谈学校改革的议论的浅薄性。无论哪一所学校都是扎根于各自地域的历史与文化的固有性、承担着地域的生活与文化的未来的。不具体地认识这一点,就无从遑论学校的现在与未来。

二、对内开放:挖掘学校内在的潜能

据说,山村在赴任校长之前,长期从事残疾儿童工作,这种经历让他养成了一种无微不至地照料着学校的儿童和教师的行为风格。校长的夫人是从事地球生态学的科学家。山村先生自身也是同样,在稳健的言行中散发着知性的精神。在这种校长的领导之下,教师和儿童一定会过着幸福的日子。这是我同山村校长会面之后的第一印象。实际上,在对有东明小学的造访中印象最深刻的是,自由自在地从事教育实践的教师们的形象。该校是拥有儿童数 140 名,校长、教务主任、教师、讲师总计 12 名的小型学校。不能不令人感受到在这所学校里拥有的微形性与自在性,因为儿童和教师都是那么从容淡定地享受着学校的生活。这种悠然自得的基础,得益于山村校长无微不至的关怀与知性的学校经营。

山村校长说:"为了创造每一个儿童能够安心地致力于学习的课堂,就必须为每一个教师打造拥有生存价值、潜心教学实践的教员室。作为校长,我的责任就在于打造这样的教员室。就这样,在整整五年间,推进了学校的建设。"在这样的学校里执教的教师,该是一种幸运。

我听着山村校长的话语,不由得想起了丸山真男著作中的一句话。丸山真男在《日本的思想》的一节中论述道:"为了对外开放,就得对内开放。"倘若把这句话推演开来,可以说,学校为了向地区开放,就得向学校内部开放。山村校长创建"学习共同体"的学校改革,之所以以校内研修的充实为基轴加以推进,对于他而言,乃是必然的、天经地义的。

山村校长的学校改革是在同样热心于创建"学习共同体"的前田教务主任赴任之后的三年前,着手启动的。校长和教务主任的倡导得到全体教师的响应,实现以"相互倾听关系"为基础的"协同学习"的课堂改革得以开展,同家长合作的学校改革也得以推进。在低年级的课堂里实施"结对学习",3 年级以上的课堂里实施男女生 4 人混合的"小组学习",实现了"冲刺性学习"。其结果:每一个儿童都乐于上学,辍学的儿童为零,学力水准也达到了全国平均水平以上的程度,家长对学校的信赖与期待更高了。这是该校的教师所期望的扎扎实实的成果。

三、迈向改革的基地学校

为了对外开放就得对内开放这一该校的学校改革的逻辑,在这一天的"公开教学研讨会"的方式上也得到了体现。这一天是作为"富有魅力的学校创建推进事业实施校"的公开研讨会,尽管有来自县内外的大量观摩者来访,但研讨会采取了家长的教学参观与教师的校内研修的日常处置方式,没有任何繁文缛节、形式主义的东西,仅仅是几页的印刷品和几分钟的校长的致辞而已,但其内容决不因此而变得浅薄。

轻松愉快的一日研讨会。上午所有班级的课堂公开（兼家长的课堂参观）与下午的公开课和教学研讨会，都是从课堂的事实来凝练应当教授的内容，对于谙熟公开研讨会的我来说，也在研讨会结束的一刹那间处于亢奋的状态，的确是充实的一天。在九州这个地方，佐贺县又一个创建"学习共同体"改革的基地学校建设起来了，其意义是不同凡响的。

↑角先生的课堂场景

　　包括我本人在内，对于这一天造访有明东小学的观摩者而言，印象最深的是，教师们对于支撑每一个儿童诚挚学习的、虚怀若谷的教学实践的姿态。我认为这是教师应当秉持的一种姿态。在所有的课堂里都可以看到轻松自然。所有教师对每一个儿童侧耳倾听；洞察教材的发展性与可能性；围绕自身的教育实践展开哲学的思考——这就是每一个教师的返璞归真的实践。

　　最鲜明地展现了这一点的是，角喜代子先生上的1年级国语教学《鼠弟弟切洛》[①]的公开课。角先生是该校最年长的教师。角先生主动请缨、希望上公开课本身，是最值得我们高兴的。因为，这节公开课典型地展示了该校课堂改革的当下的水准。我印象特别深刻的是，这节课的教学研讨是同每一个教师都值得学习的切切实实的课题直接联系在一起的。该校的教师研修日积月累，使得教师之间的课题得以分享；使得教学的观摩与研修中的协同学习得以充实地发展。就我而言，特别是角先生的视线，以同1年级每一个儿童的视线同样的高度展开交流，表现出倾听每一个儿童声音的姿态，令人难以忘怀。因为，正是这种姿态与由此产生出来的课堂教学的愿景，象征着该校学校改革的出发点：课堂向学校开放、向社区开放。

译注：

① 《鼠弟弟切洛》，作者森山京(1929—)，日本儿童文学作家。40 岁开始创作，《小狐狸》获路旁石幼儿文学奖；1990 年《明天会更好》获小学馆奖，1996 年获野间儿童文学奖；1999 年《面包房里的小熊》获广介童话奖；2009 年《花子和寺子屋的伙伴们》获赤鸟文学奖。

《鼠弟弟切洛》的故事梗概：

鼠孙仁收到鼠奶奶寄来的一封信，信上说："送给你们红色的和蓝色的西装背心。"鼠孙仁希望信上说的是清一色的黄色或是绿色的就好了，可偏偏说的是红色和蓝色。明明有兄弟仨，却只写了两种颜色。鼠孙仁以为只能收到两件，故事情节就此展开。

哥哥说："我喜欢红的"，姐姐说："我要蓝的。"哥姐俩说："切洛没有了。"切洛心想："假如这样的话，或许拿不到了。"切洛于是惴惴不安，坐立不宁，情绪低极了。

哥姐俩的选色是耐人寻味的：颠覆了"男选蓝、女选红"的人世常情。孩子们是出于直率、纯粹的心情来做出选择的。或许是作者森山京出于摆脱"性别分工"的世俗偏见而做出这种描写的。就这一点见解而言也是发人深省的。

哥姐俩异口同声地说："切洛没有了。"切洛焦虑起来："这样的话，我的一份或许落空了"——切洛心里非常担心。

切洛的一份或许是奶奶忘记了，不、不，对于奶奶而言，鼠孙仁都是可爱的小宝贝，不可能把切洛排斥在外的。尽管如此，切洛仍然在一本正经地思索："或许我拿不到了。"真是可爱极了。

试让班级儿童设想一下鼠奶奶的心情，或许一开始就明白了鼠奶奶的心意。不过，越是读下去，越是觉得趣味。读者一定会兴致勃勃地想了解下一步的情节展开：切洛惹人喜爱，切洛会怎么办呢，会采取怎样的行动呢？

切洛毕竟是最小的孙子，聪明伶俐、头脑灵活、才智过人。他思维敏捷、行动干练。读者一定会怀着兴趣读下去，了解切洛是如何机灵地采取行动，又是采取了怎样的行动的，这样，可以从切洛身上学到敏捷的思维与干练的行动。

切洛不会写字，无法给奶奶写信。切洛站在山丘顶的树上，朝着奶奶住家的方向，大声地叫喊着、呼唤着——"奶奶，奶奶！"

在改革的路上

一、改革的坚守

学校改革是必须持续 10 年以上的事业。但是,中小学校长的任期通常是三年,因而实施以两年或三年为单位的改革。这样,几乎所有的学校不过是借助表层的、半途而废的举措,让儿童与教师做一番折腾而已。典型的例子就是"指定研究校"制度。文部科学省、都道府县教育委员会、市町村教育委员会规划众多的指定研究校,企图活跃学校改革与校内研修,在受诺指定研究的学校里,没有一所学校在指定研究结束之后坚守改革的。

数年之间采取学校改革举措的教育风土,近年来,随着学力测验与基于量化目标的结果主义行政而得以强化。其结果是,造成学校被过剩的改革吞食、教育质量下滑严重。

幸运的是,在我协助与合作的学校里,多数是把学校改革置于"业已启动的永续的革命"。临时性、短期性、集中性的举措是不会有的。近半年来造访的大半学校就是这样的。以迎来第十五个年头的茅崎市浜之乡小学为首,富士市的元吉原中学、富士市的田子浦中学、五泉市的五泉南小学、山梨县南巨摩郡的久那土小学、山口县宇部市的常盘中学、中野市的中野平中学、柳川市的中岛小学、冈山市的财田小学、仓敷市的琴浦南小学、茨木市的丰川中学、熊谷市的中条中学、广岛市的安西高中、沼津市的城北高中、广岛市的祇园东中学、和歌山大学教育学部附属小学、和泉市的鹤山台北小学、奥州市的水泽中学、热海市的多贺中学、佐贺市的有明东小学、富山市的奥田小学等，令人感动的不仅仅是我近半年来造访的上述这些学校在坚守学校改革，而且在全国各地有无数的学校都在实施"业已启动的永远的革命"。我本人一直在同这些坚守改革的学校，展开协助与合作。

我在以往的大约三十年间，一直在协助全国各地的中小学改革，但在十八年前我协助的学校改革没有一所是坚守三年以上的。从这个意义上说，十八年前我的挑战只是局部的成功，改变学校的力量并没有持续下去，并没有达到变革整个地区学校的境界。同教育行政实施的指定研究校，难分伯仲。

不过，从超过1000所学校的连续失败中取得的教训是巨大的。其中之一就是，学校改革是远比一般人（包括教师）的想象复杂得多的、极其艰难的事业。而在这些连连失败的尽头所抓到的希望就是，倘若一所学校的改革能够达成，那么，就能变革整个地区的学校，变革整个日本的学校。

我确信，大约从十八年前开始的席卷全日本中小学的创建"学习共同体"的学校改革的大浪潮，把这种希望变成了现实。正是在地区形成了一个改革的基地学校，并在这个基地学校持续地展开改革（业已启动的永续的革命），才能成为变革整个教育的推进力。

二、螺旋形上升

为什么许多学校的改革不能坚守呢？一个因素是研修的课题年年变更。今年度以这个为目标，达成之后，下一个年度又以别的目标作为课题，来设定下一个年度的研究。展开所谓的阶梯式上升的改革。但是，这种方式的改革是难以持续下去的。为什么呢？这是因为被视为"达成了"的今年度（或去年度）的课题，是难说达成的。因此，这种方式按理说是从上升阶段开始就崩溃了，不能不在短期内草草了事。学校的改革原本就不是什么一段一段地阶梯式地提升的事业。它是一项不断地回到原点，反复琢磨同一个课题才能达成的大事业。

学校改革不能持续的另一个要因是校长的更迭。麻烦的是，缺乏教育见识、缺乏领导力的校长往往存在这样一种倾向：讨嫌传承前任校长的事业，希望实施"我"的学校改革。一切的创造倘若没有传统的传承是不可能形成的，尽管如此，见识拙劣与能力拙劣的校长是理解不了这一点的。当然，当学校内部产生混乱，教师困惑，教师队伍分崩离析之后,改革自然而然只能中断。我自身就体验了无数由于校长的更迭而出现改革中断的痛苦经验。

不过,在大约十三年前开始,情况发生了变化。如今,即便校长更迭,改革中断的案例也是罕见的。创建"学习共同体"的学校改革是如此广泛地获得了教育委员会、校长和教师的支持。

不管怎样,学校改革得以持续的秘诀在于每年"周而复始、循环往复"地进行。法国哲学家吉尔·多尔兹(Gilles Deleuze)在《差异与反复》中,阐述了现代人的问题之一在于不能实现"反复"这是至理名言。现代人之所以耐不住"反复",就是因为"反复"被沦为"复制"了,不能在"反复"中迸发出"发现"与"再创造"。不过,像学校改革那样,需要复杂、长期的时间与精力才能成就的大事业,就不应当惧怕"周而复始、循环往复"。积极地实施"周而复始、循环往复",就一定能够产生出"螺旋形"上升的教育思想与教育实践。

三、征途漫漫

通过实例来介绍一下改革得以坚守的学校的面貌。如前所述,幸运的是我所协助、合作的学校,大半的校长和教师都是富于"周而复始、循环往复"的勇气潜心改革的人们。他们日复一日地从事着地道的"反复",以及由此而迸发的过细的工作,对此,我不能不由衷地抱以敬意。现场的教育就是基于这种"周而复始、循环往复"的"反复"而得以支撑与发展起来的。

例如,几个月前再次造访的岩手县奥州市的水泽中学(校长佐藤孝守,现为奥州市教务主任),三年来,每年以"构建相互倾听关系"、"基于小组的协同学习"和"有冲刺的学习组织"作为实验课题,同时也作为每一个教师的研修课题,持续地展开课堂研究。同半年前相比,所有课堂里的学生的学习和教师的教学都有了长足的进步,令人感动不已。最为精彩的是,上公开课的村上花惠先生的英语课(初中3年级),其学习课题是:事先发给县内的铁道地图,然后用英语来表述:怎样行走才能抵达所建议的观光地。这是一个能够多样地发展应答问题的对话方式的题材,一种能够实现超越了英语技能优劣的协同学习。村上先生的教学设计能够有效地兼用结对学习与小组学习,对每一个学生作出了堪称完美的细致的考虑,表明她的教学十分洗练,可以说是达到了炉火纯青的境界。

在公开课之后的校内研讨会中,每一个教师围绕学生的学习也交流了各自中肯的意见,感触良多。在改革持续进展的学校里,不仅可以看到年轻教师的茁壮成长的面貌,而且资深教师展现的教学的洗练,也令人欣慰。佐藤校长说,重要的是重视教师们掌握"新的教学愿景",保障每一个教师同那些挑战"学习共同体"创建的他校展开交流的机会。

上个月造访的富士市奥田小学(校长尾田敏博)也是通过"反复"的持续实现教学质量提升的一所学校。该校创建"学习共同体"的改革迎来了第三任校长,但年复一年,课堂教学的实践在不断提升。这是校内每一个教师设定自己的课题,提升校内的同僚性,持续地展开地道研究的结果。我观摩了山下信义先生的《小戚的送影游戏》^①的公开课(小学3年级)。引导儿童用充分的时间来同教科书对话,展开了优质的教学。整堂课的教学引导学生通过仔细地琢磨小戚最后做"送影游戏"前的"早晨"的心理活动及其行为举止,体察课文中描述父母兄长在天上召唤她去做"送影游戏",一个幼小的女孩的生命也随着她的"送影游戏",一道升天了——这样一个女孩的宿命的悲哀,就连我们这些观摩者也被深深地感染了,实现了精彩的课堂学习。由此也可以窥见坚守改革的学校的教育质量的高度。

↑元吉原中学的课堂场景

再有一个实例,那就是发展最稳定的学校之一,静冈县富士市的元吉原中学。该校的改革是在八年前由原岳阳中学的稻叶义治先生(现任富士中学校长)着手开始的,传承了丸山和彦校长、石川诚校长的传统。在这所学校里,无论是教员室还是教室都会给观摩者一种从容的安定感。学生协同学习的形式被化为无形，教师潜心课堂教学的创造同时也允许失败与失策，教育的卓越性在受到尊重的氛围中培育起来了。这是学习出色的学生们与兼备工匠气质与专家实力的教师们共同培育起来的。可以说，这就是持续"反复"的成果。

征途漫漫，改革的坚守比改革的启动需要更多的能量。浜之乡小学开始改革的时候，大濑敏昭校长(已故)同我本人常常会碰到观摩者的发问："十年后的改革目标是什么？"大濑敏昭校长同我的回答是："关于十年后的学校，由十年后的校长、教师、儿童和家长决定就可以了，我们要重视的是当下的改革"，是坚守"业已开启的永续的革命"。从这个意义上说，校长与教师的更迭也不会妨碍改革，我们还是应当把它视为一种积极的契机加以认识。

译注：

① 《小戚的送影游戏》作者是あまんきみこ(1931—)，本名阿万纪美子。日本儿童文学作家。生于旧满洲抚顺市，后移居长春、大连。日本投降时，在大连神明女学校就读2年级。1968年，《车的颜色是天空的颜色》获第一届日本文学者协会新人奖、第六届野间儿童文学推荐作品奖。《小鬼的帽子》、《白帽子》等诸多作品被收入日本小学国语教科书。她的作品高雅幽默，充满扎根日本风土与文化的世故人情，兼具欧美儿童文学的深邃与浪漫主义。1981年，《小戚的送影游戏》获小学馆文学奖。

《小戚的送影游戏》故事梗概：

小戚姑娘的爸爸被军队征召，就要上前线打仗了。临行前一天，全家人去扫墓。在归途上，小戚的爸爸提议全家人一起做"送影游戏"：盯住自己的影子从"一"数到"十"，往天空看，天上会一模一样地显出自己的人影来。于是，小戚和哥哥居中，全家四人手拉着手，大家盯住人影。数到十下，果然白色的四个人影霎时蹿上了天空。爸爸说道："好一张全家福呢！"

第二天，送走体弱的爸爸之后，兄妹决定做"送影游戏"的游戏，为父亲祈祷。然而战事吃紧，做不成游戏了。装满炸弹的轰炸机在小镇上空盘旋，浩瀚的天空不再是快乐的天地，已变成恐怖的场所了。

初夏的一个夜晚。在空袭警报中，小戚被惊醒了。在母亲的催促声中，奔出了家门。外面到处火光冲天。风大火势猛，人流躲开火势往河川方向奔逃。母亲抱起了小戚，关照哥哥跟紧。哥哥跌到了，伤势甚重，脚上血流不止。母亲只好背起了哥哥，让小戚步步紧跟。然而在纷乱的人流之中，小戚同母亲走散了。混杂的人群聚集在暗黑的桥下，小戚看见像是妈妈的人，然而却不是。她孤子一人，就地宿了一夜。

清晨来临，全镇已面目全非，只留下残垣断壁和冒烟的灰烬。哪里是自己的家呢？——妈妈、哥哥被炸死了，家被炸塌了。小戚撕心裂肺，痛彻肝肠。这一夜，小戚只吃了一点儿装在布袋中的食物，在坍塌的、幽暗的防空洞中，思念着妈妈和哥哥。"妈妈、哥哥，一定会回来的！"想着想着，睡着了。

阴森的清晨到来，晌午过去，又一个黑夜降临。小戚在破败的防空洞里沉沉睡去。当刺眼的光线照在了脸上,她醒来了。只觉光彩炫目,全身忽冷忽热,口干舌燥。不一会儿,太阳高高升起,就在这时,她仿佛听见父亲、母亲,还有哥哥,在天上召唤她去做"送影游戏"。小戚想起了爸爸的话:"一定的,会在这里,在天上呢。"这时,只见爸爸、妈妈、哥哥笑嘻嘻地从对面朝她走过来了。"爸爸","妈妈、哥哥"——小戚叫喊着,神思恍惚——四周一片蔚蓝,小戚似乎站在了蔚蓝色的花丛之中。环顾四周,繁花似锦。小戚灿烂地笑了,笑着走出了花丛。

初夏的早晨,一个幼小女孩的生命,就这样消逝在茫茫的苍穹之中。

高中改革的网络

——学习权的实现与优质的保障

一、课堂的变革与学习的实现

即便在高中也在进行着变革课堂、提升学习品质的"宁静的革命"。这个月（2010年6月）我造访的3所高中——彦根西高中（校长栎敏）、沼津城北高中（校长胜又津久志）、安西高中（校长奥山雅大），均从数年前就在推进"学习共同体"的学校创建，作为引领"宁静的革命"的先锋学校，实现了卓有成效的进步。

近几年来，我以每周1至2所学校的步调接受来自全国各地高中的邀请，参与合作改革的事宜。这种可以说是爆炸性的改革浪潮有两个背景。一个背景是学校现场的危机深刻。以中曾根首相的咨询机构临时教育审议会1985年的咨询报告为发端，2001年以来，由于小泉政权之下加紧推进新自由主义政策的序列化与竞争，高中被抛进"生存"攸关的改革混乱的漩涡之中，教育市场中的"生存"竞争，在财政拮据的都道府县之下更加雪上加霜，所有的高中为了争得生源并提高升学率，使出十八般武艺，准备了多种多样的"教育服务"，变身为"步行街高中"了。

但是，在新的学程和科目就像店铺那样扩大的"步行街高中"里，无论教师如何充当售货员，叫卖富有魅力的教材去吸引顾客，学生不过是故作姿态从一个店铺到另一个店铺，"随便逛逛"而已。无论教师还是学生归属意识丧失殆尽。"步行街高中"借助没完没了的"商品开发"，扩大"自由选择"，加剧学生之间、学校之间的"竞争"，造成了破坏学校的共同性、孤立教师与学生的恶果。

作为"学习共同体"的高中改革急剧高涨的另一个背景是，课堂改革的紧迫性。造访一下高中的课堂，看看其教学的面貌，就一目了然。社会发生了如此的变化，然而高中的课堂教学却旧态依然，同半个世纪前一模一样。学生在这种课堂中尽管是在"交往"，但积极地学习的学生只有极少数的一部分。醉心于开小差的学生、佯装听课却眼神发呆的学生、趴睡在课桌上的学生、起劲地说悄悄话的学生，不一而足。无论是入学考试成绩高位的学校还是低位的学校，"划一教学"崩溃殆尽。况且，四成高中生的校外学习时间为零，一本书也不读。在应当最热衷于学习的高中生中间，却浸透着"逃避学习"的最深重的问题。为了改变这一现实，必须举全校之力，开发适应 21 世纪的"项目型"课程，在课堂实践中实现"协同学习"的改革。

二、协同学习课堂的创造

从上月（2010 年 5 月）到本月造访的三所高中都是从"步行街高中"转向"学习共同体"学校改革的先锋学校。无论哪一所高中，所有的教师都在引进"U"字形的课桌椅排列与借助少人数的（男女生混合 4 名）"协同学习"展开教学，实现了创造性、探究性的协同学习。包括我本人在内总计 600 名的观摩者最受感动的是，无论哪一个课堂，每一个学生都在真挚地参与学习。实现每一个学生的学习权、最大限度地提升学习的品质是学校的公共使命所在，是教师的责任所在。这不是轻而易举的事情。倘若没有校内所有教师共同认识到这种使命与责任；倘若所有学生不建构起相互支持、共同提高的学习关系，以及不同教师一道参与学校建设；倘若校长不负起责任来引领改革，家长与教育行政不出手支援，那么学校是不可能履行这种使命与责任的。上述 3 所高中把上述这些学校教育的使命与责任变成了现实，取得了扎扎实实的成果。

介绍课堂场景的一个片段吧。下面的照片是沼津城北高中 1 年级古文"物语欣赏·《伊势物语》第九段东下"①（伊藤直美执教）的课堂场景。在这堂课中揭示了以"考察'男子'的心情与'东下'的背景"为主题，以在阅读教科书的基础上的参考资料为线索，以结对的方式反反复复朗读教科书。通过上半节课与后半节课的两次小组学习，展开合作性、探究性的学习。

在国语科的古文教学中，设计并展开学生们能够入迷地进行协同学习的教学是不容易。不过，在这个课堂里，从一开始所有学生就在埋头于课文的朗读与协同学习。

↑协同学习的高中生(沼津城北高中古文的教学)

我想,这里的秘诀在于:教师沉稳而简约的铺垫、周详而直观的资料,以及上半节课与下半节课两次的小组协同学习活动。不仅是这所学校,彦根西高中、安西高中也是一样,有效地组织了两次小组活动:教学前半部分的"夯实性学习"与教学后半部分的"冲刺性学习",促进了每一个学生的参与,保障基础事项的学习与实现高水准的探究学习是同时有可能实现的。

在沼津城北高中,正式进入"学习共同体"的学校创建是在两年前。两年来,举全校之力达成的课堂改革不能不令人惊叹。高中生居然潜藏着如此的能量,高中的教授业居然潜藏着如此的能量。高中的改革一旦开始,就会产出远比小学与初中更大的能量。

改革的能量在彦根西高中也是同样。该校正式进入"学习共同体"的学校创建也是在两年前,然而,在所有的课堂里都实现了学生真挚的协同学习,设计协同学习的教师们展开的教学技术也是洗练的。我深深地感到,毕竟是高中生,毕竟是高中教师,他们确实是厉害的。

三、基地学校的作用

高中改革的艰难之一就在于多样性。有多少高中就有多少学校改革的各自课题,就有多少各自学校改革的逻辑。我想起了在同美国作为高中改革的指导者著称的原哈佛大学教育学部部长赛伊萨（Theodore Sizer）交谈时，他说的一句话："卓越的学校没有一所是同样的。"尽管拥有"学习共同体"这一同样的学校的改革愿景与哲学，但是各自的高中必须设计各自独特的改革步骤，迈出改革的步伐。在理论化为现实的过程中，基地学校（先锋学校）的作用是巨大的。

无论沼津城北高中、彦根西高中、安西高中，都是高举"学习共同体"旗帜的基地学校之一。当下高中的"学习共同体"基地学校大约是 10 所左右，同这种基地学校携手挑战改革的高中大约是 100 所左右。赞同这种改革、着手课堂实践改革的教师有数千人。这场改革运动的规模到明年会估计有三倍的扩展，到后年则会有五倍的扩展。同小学、初中一样，"学习共同体"的学校改革的浪潮已经发展为高中改革的核心潮流，这是不可移易的。

高中基地学校的建设伴有其固有的困难。高中教师是以学科单位来组织的，各自形成了自立的"国家"（独立王国化），即便是由校长和一部分教师主导，也难以采取举校一致的改革步伐。不过，作为"学习共同体"的学校建设，倘若所有教师不公开自己的课堂、在所有的教学中不引进"协同学习"；倘若学生们不构筑协同学习的关系、实现每一个学生的"学习权"，那么就不能实现保障优质学习的教育，就不可能创造出每一个教师作为教育专家共同成长的学校。我们需要跨越这种困难。

上面已经表述了三种改革步伐的高中。例如，安西高中每年召开两次公开研讨会，来支援切望改革的全日本的教师们。安西高中曾经是 40％以上的学生中途退学的薄弱学校，如今中退率激减到 2％以下。三年前一个年级有五个班级发生定额不足的现象，去年在县里一跃而为竞争率最高的高中，今年班级的定额扩充了。这种发展何以可能呢？尽管今年度三分之一以上的教师更换了，但是学生的协同学习却进一步提高了，这是为什么呢？热烈的讨论在持续中。这些基地学校改革的一个又一个的事业，为各自高中独特的改革设计提供了准备。

造访了 3 所高中最后剩下的是，课堂中我所看到的学生们真挚的学习面貌与幸福的表情，以及教师们诚实的面貌与幸福的表情。就像特写镜头一般深深地刻印在脑海里的这些风景，最为雄辩地说明了高中改革的希望。

译注：

① 《伊势物语》是日本现存最古的和歌短篇故事集，成书于平安时代初期。全书采用虚实结合

的手法,以和歌作家在原业平的 30 余首作品为基础,将大量他人的作品叠加到主人翁身上,描写了几段或华丽浪漫或凄婉悲伤的男女恋情故事,重新塑造了在原业平的人物形象。全书 125 个短章中镶嵌了和歌 200 余首,也是日本和歌物语的开山之作。作品中的主人翁在热恋、悲恋、失恋中饱受感情的折磨,在父子之情、主仆之信、朋友之义中获得心灵的升华。作者通过虚化现实生活中的在原业平,表现了平安文人理想的生活态度与感情追求。该节选用的是其中的第九段"东下"。丰子恺对这一段文字的内容是这样译的:"没有一个人知道这是什么鸟。这男子便问船夫,船夫答道:'这就是那个——那个叫作都鸟的呀。'男子便吟诗道:'都鸟应知都中事,我家爱侣今如何?'"

全球化的学校

一、学校的变貌

由于全球化,日本的中小学也在发生缓慢的变化。本月(2010 年 7 月)造访的大阪府茨木市立郡山小学的教学研讨会,是了解学校全球化急剧进展的绝好机会。近十年来,茨木市丰川中学同该校区的丰川学校与郡山小学 3 所学校携手合作展开"学习共同体"的学校创建。3 所学校都是拥有大量各式各样上学困难儿童的学校,丰川中学是长年来苦于府下学力最低的学校之一。近年来 3 所学校携手合作的课堂改革正在取得骄人的成绩。在去年度(2009)的全国学力测验中,丰川中学一鸣惊人,超越了大阪府的平均水准,达到相当于全国平均水准的高度。这是以协同学习为中心展开的课堂改革的壮举。尽管如此,同学校改革的进展相反,儿童的社会的、文化的、经济的环境,却在年年恶化。在这一次三校合作的教学研讨会中,由于社区与家庭的变化,使得诸多儿童和家长面临更加复杂的困难。对于这些儿童与家长,应当实现怎样的协同学习,提供怎样的合作支持,成为讨论的焦点。

学校环境的显著变貌之一,就是"全球化"。其典型可举郡山小学。郡山小学的儿童数目前是 178 名,其中 26 名是新居民。近年来该校的新居民数以每年接近 2 倍的势头激增。国籍有中国、埃及、马来西亚、印度尼西亚等,特别是来自伊斯兰教国家的儿童的激增。15％的外国籍儿童这一数值,可同移民激增的欧洲国家的学校相匹敌。

随着伊斯兰教国家儿童的急增,郡山小学同欧洲国家一样,不得不采取种种的应对措施。首先是供餐问题。伊斯兰教是禁食猪肉和发酵食品(酒之类)的。不仅如此，牛肉、鸡肉也由于不作为"供品"，所以是不吃的。使用肉类的提取物的食品、使用料酒(发酵食品)的饭菜也是不吃的。学校会逐一检查供餐的菜单，事前跟家长联络，为他们准备带盒饭事宜提供准备。

伊斯兰教的儿童每周的礼拜也得应对。在法国，由于兼顾伊斯兰教徒的儿童戴头巾同法国公共教育的基本原理——脱离宗教，成为深刻的问题。同样的事情在日本也有发生。《教育基本法》是禁止特定的宗教的，严格地说，在学校设施中是不容许特定的宗教礼拜的。但在郡山小学，默认伊斯兰教徒的儿童可在午休时间在日语教室里进行礼拜。

面对多元文化的学校的应对，不仅仅是供餐和礼拜的问题。伊斯兰教徒的女孩不得穿泳衣进入游泳池。许多家长用日语沟通比儿童还困难，在郡山小学当然不可能用所有语言来沟通，但对家长的公文，提供了日文版与中文版两种版本。

二、相互帮助的儿童

学校全球化的应对形形色色，然而最重要的课题是如何在日常的课堂教学中帮助新居民的儿童。这一天的教学研讨会中提供的是郡山小学3年级1班的教学(友国爱子执教、算术《水的容积》)的课堂录像，是多元文化共生的课堂创造的一份珍贵的实践记录。

在这间教室里，埃及国籍的艾儒雅同学、诺蓝同学，孟加拉国籍的闵莫同学，印度尼西亚国籍的伊布拉希姆同学，这4名同学都是新移民的儿童。还有特别支援班级的2名儿童，以及预定明年度进入特别支援班级的2名儿童。在全班27名儿童中有8名是需要特别支援的儿童。

友国先生是任职第3年的年轻教师。然而，在这么一间令人感到复杂棘手的课堂里，居然组织了洗练的协同学习，实现了儿童之间细致地相互帮助的课堂教学。这是一堂出色的课堂创造的公开课。郡山小学的课堂创造是由三根支柱——"儿童同客体(教材)的关联"、"伙伴之间的关联"、"同自身(教师、儿童)的关联"——形成的。在教学研讨会中立足于课堂的事实——"哪里学习是成功的"、"哪里学习是困惑的"，展开讨论。这种校内研修的成果促进了友国先生3年间作为一名教师的成长，在这一天的公开教学中开花结果了。

↑实践多元文化共生的协同学习:大阪府茨木市立郡山小学

　　"水的容积"的教学,由三个活动组成。一是小组讨论:用什么方法来了解形状不同的两个塑料瓶中的橙汁哪一个多的问题。二是比较活动:发给每一个小组大小不同的杯子,比较两个塑料瓶中橙汁的份量。三是引进单位:用来标示两个量"有什么不同"而引入通用计量单位(分升)。

　　友国先生这节课的精彩就在于,经过深思熟虑的教学设计与毫无拖泥带水的简约的语言,以及无微不至地对每一个儿童的应对。在这节课的设计中,友国先生最烦恼的是最后的"冲刺性课题"的创造。从两种橙汁量的直接比较,怎样才能过渡到导入通用单位呢?为了实现这种"冲刺",友国先生直接在比较活动中,暗地里把有巨大差异的杯子发给各个小组,各个小组从测定结果的条线统计图表的不同,询问"哪一个多",从而导入通用单位。"正如测量长度的时候有 cm,然而衡量液体的时候,世界通用 dl。"友国先生讲解的语言非常简约,"世界通用"这个语言在这间教室里是非常贴切的。

三、多元文化共生的协同学习

　　友国先生所用的深思熟虑的简约的语言,对于日本能力欠缺的移民子弟而言是有效的。几乎不会说日语的阿儒雅同学、刚从一周前转学而来的伊布拉希姆同学,一字不落地倾听友国先生的话语。不懂的时候,会不经意地跟邻座同学附耳低语。在这间课堂里除上述 4 名儿童之外,另有 4 名需要特别支援的儿童。情绪焦虑的、不善于沟通的儿童也有不少。这种复杂的课堂文脉,恰恰构成了生成静心学习的环境与人际关系的基石。

4 人小组的协同学习关系实现了基于无微不至关怀的相互帮助与高水准的协同学习。在相互帮助与协同学习中,作业是有效的。在上半节课中存在若干难于理解的学习课题与难于日语沟通的移民子弟,也在下半节课中积极地参与了学习。在参与的作业中,也受到各个小组儿童的关照。

尽管如此,所有课堂都可以说,儿童之间的关爱是出色的。为什么这样说呢?那是因为每一个儿童都能够受到如此体贴的关照。他们的关爱绝不是什么“多管闲事”,而是在不经意之间极其本真的行为。尽管在这间课堂里存在着形形色色的儿童——“我说,我说”地自我主张激烈的儿童,动辄发脾气的儿童,情绪焦虑“哭出声来”的儿童,残疾儿童,不善于沟通的儿童等等,比通常的课堂要多得多,然而小组作业的活动,却一点也没有让人感到存在上述这些困难,实现了精彩的协同学习。

我观摩着课上那些儿童相互帮助与协同学习的情景,一边在思索着这样一个悖论的意涵:通过这些有着这样那样学习困难的儿童与教师的合作,却实现了优质教学与协同学习。一般而言,有着种种学习困难的儿童在教学中往往是作为负面因素来议论的。但如今优质的教、优质的学,却是凭借如此脆弱的儿童同教师的合作与关爱而得以实现了。学力的提升也是同样如此。即便从 PISA 之类的国际学力测验的结果来看,名列前茅的加拿大、澳大利亚、新西兰,就是多种语言、多元文化的国家,芬兰也是移民急剧增加。尽管如此,学力的水准却是提升的。多元文化共生的教育,应当从认识这种悖论的奥秘中迈开前行的步伐。协同学习与关爱就是借助人与人(尽管这些人是如此脆弱)之间的纽带来实现的一种人类的行为。

以友国先生的公开课为典型的郡山小学的课堂创造,与包括了郡山小学在内的丰川中学校区的 3 所学校协同的“学习共同体”的课堂创造与学校改革,借助学校的全球化又迈进了一步,创造了新的地平线。

母校情愫：回眸与前瞻

一、回乡

这是一次阔别四十三年的回乡。位于濑户内海的中心的大崎上岛的木江中学，由于父亲工作调动的关系，7月，我初中1年级的时候转入该校。第二年8月之后毕业，我独自一人离开该岛，升入本土的高中学习(广岛大学附属福山高中)。两年之后举家搬离了该岛。自那时以来四十三年过去了，再没有回去过。这一次是由于大崎上岛中学召开"学习共同体"公开研讨会，我收到该校的邀请函，应约作为研讨会的讲师而行的。木江中学经历两次的并撤，改称为"大崎上岛中学"。

母校致力于推进"学习共同体"令我无比地喜悦，相隔43年的回乡又令我忐忑不安。本江町的两年又8个月，是我人生中最幸福的日日夜夜。倘若认为母校的回忆是对过去的一种美化，那就会丧失支撑人生躯干的神话。神话般的回忆永远是美好的。我抱着一丝焦虑，在公开研讨会的前一日，从竹原市出发乘渡船，眺望着思念的岛屿，驶往木江町。"海是饶舌的。我眺望着大海，在静静地同神明对话。"——初中3年级的时候，上课中一边眺望着窗外的大海，一边在笔记本上记下了这句话，毕竟是青春年少的初中生。我在渡船上一旦唤醒了这一段时光，四十三年的光阴转瞬之间就被溶解了。

抵达岛上，在大崎上岛中学校长竹田芳子先生的陪同下，参观了往昔居住过的宿舍、参观了学校的古迹。然后，当我们来到能够眺望濑户内海绝景的清风馆的时候，恩师长尾源一先生和五位同窗好友(其中2位教师)跟学校的教师们一道,已经迎候在那里了。长尾先生是我1年级的时候新上任的美术老师。就像是从青春剧里出来那样显得朝气蓬勃的先生爽朗的形象,退休之后仍然担任教育委员,依然那么硬朗。美术部的我从长尾先生身上接受油画的启蒙教育,拼命地描绘大海的晚霞、渔船,以及朝霞映衬之下岛屿的阴影。如今留在岛上的同窗生只有几位了,这五位是为我而集结的。"少言寡语,眼睛大大的机灵小鬼"——这就是他们所说的对我的印象。不管怎样,他们是一群心地善良的同窗生。我之所以拥有"人生中最美的两年又8个月"这么一个神话般的回忆,就是因为我沉浸在这位教师、这些同窗和美丽无比的大海景色的包围之中。

第二天早上,公开研讨会之前,在长尾先生和竹田先生的陪同下游览木江町。木江町自古以来就以濑户内海首屈一指的花街而繁荣。我当年居住的时候,在这条小小的花街上就曾有300多擅长技艺的匠人。这条街道的布局尽管一如往昔,却已是风光不再,一个匠人也没有了。过去有数百名的儿童在海关周围的海滩游荡,如今整个町的小学生、初中生加起来,不过是10几名儿童了。海岛的生活今非昔比。

就我本人而言,这条街是具有神话般的刺激性的。在祭日里,女郎船出动,和着雅乐的节拍,载歌载舞。彪悍的男人们开着旋转马的赛艇争相角逐。在这个岛上,我从6月到10月,每天去海里游泳,潜水抓海螺,钓鱼游玩。在这个岛上天马行空,醉心于绘画、音乐和合唱,如醉如痴地阅读图书馆的藏书。美术、音乐、文学、体育运动的悠然自得,所有这一切学习的愉悦,就是岛上初中生生活的缩影。

赶来参加公开研讨会的道本英治先生也是我难以忘怀的老师。道本先生教过我音乐与数学。那是对于数学美的感动,以及日日夜夜合唱的愉悦——在会演之前,作为"特训",在灯塔下面,大海的朝霞之前,放声歌唱。我们曾经分享着如此幸福的日日夜夜。大学之前的同窗生几乎都成为教师了,正是这段学校生活的幸福感,在不断地引领着包括我本人在内的同窗生立志成为教师而前行。

二、岛上的初中

大崎上岛中学位于从木江穿越神峰山的岛的对面。我过去居住的时候有5所中学,如今统统被合并,只有1所大崎上岛中学。该校在两年前由3所中学合并而成。全校学生有160名,没有一人辍学,所有学生都健全地过着学校的生活。从合并前夕,大崎中学就开始了"学习共同体"的学校建设。大崎上岛中学被合并之后，在竹田校长领导下正式迈开了改革的步伐。一直支持这种改革的是广岛市立祗园东中学原校长北川威子先生。据说，竹田校长和教师们听北川先生说我是木江中学的毕业生，都感到惊奇。

一到学校，学生们便召开"迎前辈"的欢迎会，准备了花束欢迎我。无论哪一个学生的表情、举止，都是那么柔和、可爱。或许同46年前转学的日子不一样，岛上儿童特有的苦涩与直率是讨人欢心的。这一天的公开研讨会，从四国和本州搭乘渡船来参加的教师有80名左右。如今，濑户内海周边"学习共同体"的学校创建蔚然成风，大崎上岛中学的公开研讨会也反映了这一浪潮。

很快，在有田教务主任的陪同下参观了所有的课堂。竹田校长的领导力与北川先生每年三次的建言取得了相辅相成的效果。所有课堂的教学都适当地引进了协同学习，有效地采纳了有助于提升学习质量的"冲刺性课题"。其结果是，在所有课堂里每一个儿童都参与了学习，在每一个小组里都实现了协同学习的关系。一般而言，岛屿地区学校的学力水准是低下的，然而，该校却在发展性学力上获得了超群的成绩。其秘诀就在于挑战小组的"协同学习"与"冲刺性学习"，这是千真万确的。

但是，倘若仔细地观察，就可以发现不同于其他推进"学习共同体"创建学校的一个特征：在所有课堂里，不懂得的学生并不声称"不懂"。不懂的学生拼命地倾听伙伴的思考，然而并不表明自己"不懂"以求帮助。这种不懂的学生保持沉默的沉重性或许与海岛的风土有关系吧。回想起来，我在初中求学时代也是一样。海岛的人际关系以细致而出色。无论是海岛的自然还是社会都拥有包容成绩优劣的包容力，从而导致了尽管不懂的学生保持沉默，却平等地参与了协同学习的结果。不过在学习中这种美德还应当迈向更高的境界。

三、迈出新的一步

下午的公开课是望月贡树先生的《力学的能量：守恒法则》（3年级2组）。望月先生两年来以研修主任的身份，一直带头推进"学习共同体"的课堂创建，这堂课是检验其成果的一次挑战。上课伊始，望月先生提出了这样的问题："从同样高度改变斜面的倾斜度落下物体，在陡峭斜面与平缓斜面着地时的速度，将会怎样?"进行5分钟的小组讨论，很快23名学生回答"陡峭斜面的速度快"，5名学生回答"两种斜面的速度一样"。回答同样的学生除了给出"因为高度同样"之外，并没有说出别的理由。

然后分小组进行实验。在同样高度的陡峭斜面与平缓斜面上滚动玻璃球 5 次，测量着地时的速度，求出平均值。结果表明，尽管多少有些误差，但速度都是一样的。

↑《能量》的课堂场景

"究竟为什么会是同样的速度呢？"——他们使用了"势能"与"动能"的词汇来说明其理由，这是这节课的"冲刺性课题"。学生们在剩下的 30 分钟时间里分小组拼命地探讨。中途，望月先生发问道："弄明白了吗？"几个学生报告了中途阶段协同学习的状态。"在陡峭斜面与平缓斜面滚动之前处于同样的位置，着地的时候势能为 0"——这是哪一个学生都能理解的。另一个学生确认了教科书的提法后发言说："势能可以用'质量 X 高度'来表示，动能用'质量 X 速度'来表示"。借助这个暗示，决定了"协同学习"的方向。不过，没有哪一个小组能够摸索到明快的解释。一个女生走到黑板跟前，画出无论是峭斜面还是平缓斜面，其中间地点用"势能一半，动能也是一半"来表示。通过这个发言，各个小组的"协同学习"有了加速度的进展。不过此时整节课到点了，各个小组的解释只能留到下一节课。

在这堂课上，女生的理解力在各个小组里都是出色的，给人以优异的印象。这样，也就反衬出理解力差的男生沉默的沉重性。岛的未来发展同该校的下一步的改革息息相关。大崎上岛中学作为"学习共同体"的基地学校取得了优异的业绩，值得自豪，同时，我在心里也充满着开拓未来的新的一步，急匆匆地同前来观摩的教师一道，乘上了渡船。期待着来年的再访。

改革的始动与推展

——以儿童的学习为中心

一、改革的始动

2010 年 9 月,造访室蘭市立地球岬小学(校长富樫生志)。每年我要造访将近 100 所学校,并留意其中三成是新的学校。地球岬小学的造访是首次,"地球岬"这个校名是崭新的,是阿伊努语的"チキウ",相当于汉字"断崖"的地名。地球岬如同其名,让人不能不感到拥抱圆圆的地球的大海岸壁,美丽无比。该校就是 1 所坐落于附近的拥有 212 名儿童的小学。

室蘭市的人口大约 10 万人,历史上,以 1854 年佩里(M. C. Perry)率舰队来日本而知名[①]。北海道开拓后以钢铁业为中心,作为煤、铁运输的陆海要冲而繁荣起来。明治四十二年(1909)创业的室蘭制铁所至今仍然在冒烟运转。然而,同北海道的其他地区一样,经济萧条的影响深刻,其征兆在町的各个方面随处表现出来。

地球岬小学从平成二十一年度(2009)至平成二十二年度(2010),被选为"室蘭市学力提升事业研究奖励校",以"通过携手合作,培育持续学习的儿童"作为研究主题,着手进行改革。在改革的起始阶段最重要的是"愿景"的确立。该校把"学习共同体"的创建作为改革的愿景,基于协同学习的创造,致力于教学创造以及推进课堂改革的同僚性的建构。这一天的公开研讨会是作为近一年多来改革举措的结节点来设定的。对于"学习共同体"的学校改革的关注,近年来在北海道也在急速高涨,这一天,不仅室簡市,而且苫小牧市、伊达市、登别市、石狩市、钏路市、北广岛市等地的众多小学、初中、高中的教师都来来访,观摩教学,参与公开教学研讨会的讨论。

在我造访地球岬小学的前后,分别前往岩手县的花卷小学和冈山县的芥子山小学,支援该校改革的始动。无论哪一所学校,在改革的出发点上都存在着应当关注的一些重要课题。第一,学习场域的创造。为了在教室里生成学习场,需要若干要件,一是教室课桌椅的配置。同步教学的单向课桌椅的排列不是旨在建构倾听关系、协同学习关系,因此"U"字型的课桌椅排列成为要件。而压低教师富有张力的声音和经过选择的语言进一步使得教师与儿童息息相通,也是一个要件。

第二,教学课题的创造。在以"学习"为中心的课堂创造中,要组织儿童聚精会神地求解学习的课题,就必须过细地进行两种教学课题的设计,这就是保障每一个儿童形成一定理解的"夯实性学习",与应用学到的知识、挑战发展性探究的"冲刺性学习"。一般而言,几乎所有的课堂教学只有一个课题,内容水准过低。因此,基础性理解与创意性、发展性的学习均有可能的教学课题的设计,成为课堂改革的要件。

第三,结对学习与协同学习的引进。小学一二年级结对学习,小学 3 年级以上(包括初中、高中)基于男女生 4 人混合学习的引进是不可或缺的。而且这种结对学习与协同学习,宜在"夯实性学习"与"冲刺性学习"的各自阶段引进。

第四,校内研修的改革。所有教师倘若每年不是至少进行一次公开教学;不是合作研讨、建构同僚性,那么课堂改革、学校改革都无从实现。倘若不实现这样一种境界——在教学研讨中以每一个儿童的学习事实为中心展开讨论;不是对执教者的建言,而是从课堂事实出发讨论协同学习,那么就不可能在校内形成作为专家成长的同僚性。

在改革的出发点上,上述的四个要件是任何一所学校都应当面对的重点课题。这一天,我造访的地球岬小学也是从这个出发点上着手课堂改革的。通过造访学到的东西是很多的。

二、以"学习"为中心

一大早,看着右边室簡制铁所冒烟的烟囱,来到了学校。很快参观了所有的课堂。所有的课堂都引进了协同学习,所有的儿童也是朴素而诚实,安心地参与教学。一看就知道,儿童的学力落差是巨大的。教师的讲解以大声嚷嚷的居多。不过毕竟坚实地迈出了改革的一步。

下午的公开课是 6 年级的三上友树先生的算术课《场合数》(排列组合)。三上先生在"教学设计"中,"不是旨在教授关于排列与组合的场合数,而是以基于具体的事象,不遗漏、不重复地进行分类整理,能够按照顺序列举,作为教学的目标"。在前一节课中,处理顺列,学习"从 4 人中决定班长与副班长各 1 人的决策方法",让儿童体验基于树形图与表格的思考。本课时以"在饭店里从 5 种菜肴中选择两种的组合"作为课题展开教学。

基于个人学习的合作化的小组协同学习,其结果是,求得正确答案的儿童约有三分之一,三分之二的儿童不能求得正确答案。在求得正确答案的儿童中,根据树形图获得成功的儿童一个也没有,有数人根据表格进行思考,剩下的儿童全部是描述第一图来展开探究的。把五角形的顶点 ABCDE 全都连接起来,求得"10 根"直线这一正解的儿童将近 10 名,令观摩者佩服。然而,作为执教者的三上先生认为人数少了,并不满意。这是因为,在前一节课中,"从 4 人中选择班长、副班长"的时候,是以四角形作为模型来求解的。

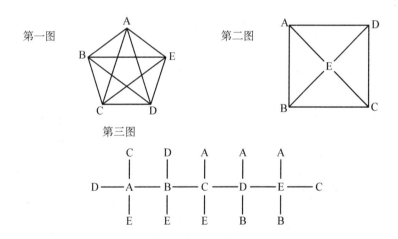

在公开课之后的教学研讨会上,尽管包括算术差的儿童在内,每一个儿童都在运用图和表聚精会神地展开探究,但是讨论的中心是:"为什么只有三分之一的儿童能够求得正解呢?"围绕教材的提示方式与教师的提问方式展开讨论。在改革的出发点上,教师研讨的话题中心仍然还是把焦点集中在教师的"教法"上,对于每一个儿童的"学习事实"的关注仍然淡薄。

在"教学点评"中,我从观察到的每一个儿童的"学习事实"中得到的感悟,做了具体的阐述。然后,我决定谈谈困惑不解的三分之二儿童的思维特征。

困惑不解的三分之二的儿童,几乎是用第2图与第3图作为模型来思考的。其结果是,未能求得正解。但是,我非常佩服想出第2图与第3图的儿童,他们的思考是非常出色的。第2图,在正方形 ABCD 的中心 E 上,将所有这些点连成直线,只有8根。在这个图上,AC 和 BD 2 根直线是隐蔽了的。不过,即便是仅仅想出了这幅图,其数学能力也是出色的。进一步说,一个小组里有一个儿童甚至用小字添写了这样一句话:"倘若这个图是立体的话。"是的,一旦是立体的话,隐蔽的 AC 和 BD 就显现出来了。亦即,从几何相位的角度说,这幅图同第1图是同型的。达到这种程度的儿童的思考是令人惊叹的。

第3图更为有趣。描绘这幅图的儿童首先以 ABCDE 为中心,但是在这幅图上连接的线是2根,其他4个点置于四方,形成4个十字。然后把这4个十字连接起来。在这幅图上,形成2根连线,但所有儿童都看作1根,合计16根,并未得出正确答案"10根"。不过,这是一种发人深省的思考。在这种"单纯化"的思考中存在着数学思维的精髓。尽管仍然是困惑不解,但这种思维是值得赞许的。

倡导"反思性实践"(reflective practice)的哲学家舍恩(D. A. Scuon)在论及"反思性教学"的论文中说,所谓"反思性教学"(reflective teaching)就是在儿童的思考中"发现规律的世界"(give kid a reason)。我从这节课的儿童思考的事实中,领悟了这种"反思性教学"的一个典型。

三、希望的第一步

如此富于灵性与创意的儿童思维的产生,是以"学习"为中心的课堂改革的珍贵成果。潜心学习的课堂、倾听异质的声音、从细微的差异中源源不断地产生着协同学习关系,催生出自由创造的思维。研讨会之后,在奔向车站的归途上,我告诉兴奋不已的富□校长说,走访世界上无论哪个国家,发现优质教育往往都是在地方上的小城市里实现的。从这个意义上说,北海道的学校是隐藏着潜在可能性的宝库。

译注:

① 佩里(M. C. Perry, 1794—1858),美国海军军人,1853 年率舰队驶进浦贺,向幕府递交菲尔莫尔(M. Fillmore, 1800—1874,美国第 13 任总统)的国书。翌年在神奈川缔结《日美和约》。著有《美国舰队远征记》。

第 2 部

变化中的世界的学校

变化中的世界的课堂
——宁静的革命

一、改革的浪潮

世界的学校处于历史的转折点。近代的学校是作为国民国家的统一与产业主义社会形成的推进力而形成与发展起来的。随着全球化的展开与后产业主义社会的进展，其基础引起了地壳变动，适应新时代的学校教育正在进行转型。

↑《照片 1》波士顿近郊的小学

在以往的岁月里,我幸运地造访了二十三个国家,考察、调查了 300 多所海外的中小学,深切地感受到,近三十多年来欧美各国的教室风景正在发生缓慢的根本性的"永续的革命"。"永续的革命"拥有 1910 年代国际性的新教育运动的学校改革的渊源。这场改革借助从 1960 年代到 1970 年代的开放教育的实践波及发达国家,现今在欧美各国的课堂里作为日常的风景而固着下来。以黑板与讲台为中心,每一个人排排坐在单向排列的课桌椅上,教师以教科书为中心讲解传递的同步教学的方式,在欧美各国正在进入博物馆。从以"教"为中心的教学转向以"学"为中心的教学;从"计划"型(目标—达成—评价)课程转向"项目"型(主题—探究—表达)课程;从"个人学习"转向"协同学习"。这种"永续的革命"正以世界规模在宁静地进行着。《照片 1》是波士顿近郊的剑桥市小学 4 年级的数学课的教学场景。剑桥市的 12 所公立小学是二十世纪六十年代以降拥有主导开放教育改革的传统。我在近 20 年间,定点观测过这个地区的学校改革。

↑《照片 2》巴黎郊外的小学

在这张照片的课堂里是基于小组"协同学习"的教学。难以设想的是,这些小学生正在进行的数学"概率"概念的学习,一堂高难度内容的探究性协同学习。

课堂的革命在 1970 年代以降,在加拿大取得了比美国更为广泛与扎实的进展。就我自身的见闻而言,在教学质量的洗练、课堂环境的丰富、课程内容的充实上,加拿大的学校步入了世界最先进的行列。根据 2000 年的 PISA 调查的结果,加拿大四大州

（安大略、魁北克、阿尔伯塔、不列颠哥伦比亚）之所以取得了超越芬兰的好成绩，作为"永续的革命"的成果，是可以理解的。

　　需要补充一句的是，芬兰亦复如此，加拿大的这些州的教育，比读写的基础技能，更加热心于推进艺术表现与科学探究的教育。

二、宁静的革命

　　刷新课堂风景的"永续的革命"也是"宁静的革命"。《照片 2》是巴黎郊外的移民子弟占多数的小学 3 年级的数学课的场景。观察一下法国学校的风景是兴趣盎然的。为什么？因为在欧洲国家中法国比任何其他国家在教学方式上都要保守。然而，即便在最古老时期法国的学校里，课堂革命也在静悄悄地进行。在这张照片的教室里作为古老象征的黑板如今仍在使用，教师的提问与讲解的时间占了将近课时的一半。但课堂的变化也是显著的。儿童的课桌椅改变为以小组为单位，以协同学习为中心，一齐讨论的时候在黑板的跟前团团围座。这种场景，无论在哪一个国家都是一样的。

↑《照片 3》多特蒙德市的小学

　　《照片 2》是在 10 年前拍摄的。不过，在拍摄之后不久，猛然发觉，以往在欧美各国的学校里拍摄的 1000 张以上的照片需要重新认识了。看看任何一张课堂照片，都是

↑《照片4》赫尔辛基郊外的小学

↑《照片5》于伟斯屈莱市的中学

采取以男女混合的4人小组的组织,一起讨论的时候团团围坐在教室的前方。未必有谁在倡导,也未必以某种方式被有意识地推广了。但世界的课堂借助"宁静的革命",过渡到普及全球的共同的"协同学习"样式。

《照片3》是德国北部的工业城市多特蒙德市一所商店街的小学。1年级学生在围绕"兔子"与"郁金香"的课题展开综合学习。这个课堂的儿童多数也是来自低收入阶层的居民,23名学生中的20名都是移民子弟。这张照片典型地体现了小学低年级课堂的"宁静的革命"。任何欧美国家小学低年级的课堂都是分课题的、以"项目型"综合学习作为课程的核心,实现了儿童们围坐在一起、基于相互倾听的协同学习与结对学习的协同。

《照片4》是芬兰的赫尔辛基郊外的小学三四年级生的课堂场景。芬兰小学的班级规模平均是60名左右(教师4名),一般是采用"复式教学"。在这间课堂里,4人小组的左侧是3年级学生,右侧是4年级学生,同样都在"画地图"。儿童使用4年级的教科书,3年级、4年级学习同样的教学内容,已经是第二次了,但借助这种"复式教学",有可能追求高于分班的优质的"发展性学习"。

《照片5》同样是芬兰的于伟斯屈莱市初中社会科的课堂场景。这所学校在PISA调查中也是成绩最好的一所学校。在这里,也是基于男女混合的4人小组的协同学习作为课堂教学的核心。芬兰原本同法国一样是传统的同步教学占支配地位的国家之一。对芬兰的教师来说,1980年代以来,芬兰也在急速地进行"宁静的革命",其成果之一就是PISA的结果所表征的。

三、日本的现在

2000年以降,在欧美各国推展的"永续的革命"与"宁静的革命",在亚洲各国得以急速普及,在日本也在广泛而缓慢地进行着。这种进展是历史的必然。许多日本人没有认识到这一点,但至少在1960年代之前,日本的中小学在课堂革命上开创了世界之最。这就是大正自由教育与战后新教育的展开的结果。这里介绍的教育风景表明,从大正期到昭和初期,课堂革命不仅在私立学校而且在许多公立学校里都得以普及,在战后不久的新教育时代有过这么一段历史:小学和初中的八成教师挑战新教育的实践。日本的课堂改革从全球化的视点来看,大正期与战后初期辉煌的传统并没有发扬光大,这是为什么呢?

新生美国的学校改革

一、感人的演讲

2009 年 8 月 27 日，东京大学驹场校园的礼堂（900 号教室）座无虚席，听众沉浸在感人肺腑的热浪之中。日本教育学会第 68 次大会前夜的特别招待演讲，邀请担任奥巴马总统政策顾问的斯坦福大学教授琳达·达林-哈蒙特（Linda Darling-Hammond）作题为《新生美国的教育改革》（*Educational Reform of Renewing America*）的演讲，令人感动。

在新山惠理先生的管风琴演奏的庄重氛围中，开启了这场演讲会。司会是我和秋田喜美先生，均为琳达的故交。演讲者琳达跟我同龄，耶鲁大学毕业，获学士学位之后，在中小学担任过音乐教师，尔后在坦普尔大学（Temple University）获教育学博士学位，历任兰德财团研究员、哥伦比亚大学教授、斯坦福大学教授。出版 10 多册的著作、数十册的编著，以及 300 多篇的学术论文。原美国教育学会会长、全美国教育研究院院士，作为对美国学校改革最有贡献的教育学家，获 20 多个奖项。在去年奥巴马获提名候选之后，作为其政策顾问班子的核心人物之一而活跃，引领总统大选获得胜利，一时成为教育部长最有力的候选人。

我同琳达相识是在大约十年前。以往二十几年的教育研究与实践研究，彼此之间竟是如此惊人地具有共同性，因而超越了日美的国境线，成为最亲密的工作伙伴。自那时以来，每年都有国际会议上的交往。今年春天，在圣迭戈召开的美国教育学会的大会上,琳达和我都当选为"同学会名誉会员",享有了同样的荣誉,而今又实现了在日本教育学会大会上的特别招待演讲。

作为总统的政策顾问,在对外演讲中牵涉奥巴马政策的内容,是受到限制的,就是说,严禁阐述有关总统政策的批判性见解。琳达在这次的特别招待演讲中也是同样,一以贯之地采取了经过深思熟虑的微妙立场:具体地提示了新生美国的教育改革的可能性,同时又令人信服地说明了以往布什父子总统所进行的新自由主义教育改革,迎来了转折的时刻。指定点评者恒吉僚子先生(东京大学)与坪井由美先生(爱知县立大学)的点评与提问出色,准确地为听众传递了琳达微妙立场的演讲内容意涵;同时,在引出作为她自身的语言,表达琳达自身的改革愿景与见识的高超以及推进改革的坚韧意志上,扮演了绝妙的作用。

二、学校改革的希望

琳达对推进奥巴马总统的教育政策寄予期待的根据之一,首先是因为,奥巴马总统是一个"多数派·少数派",一个带有种族差别的深刻性而得以超越的人。琳达也作为经历过同样人生经验的一个人,确信奥巴马总统的教育改革意志是"真心实意"的。琳达在演讲中介绍了奥巴马演说中的一段,作为学校改革的出发点的思想是令人感动的。奥巴马在总统演说中提到,众多的人们说"这些孩子(these children are)……",批判了把贫穷移民子弟的现状与惨状当作别人的事情来陈述的方法,说了如下一段话:"These children are not their children, but our children. Their future is our future. Their education is our responsibility."(这些孩子并不是别人的孩子,是我们的孩子。他们的未来就是我们的未来,他们的教育就是我们的责任。)

↑琳达·达林-哈蒙特教授

这是何等精彩的话语。在这段话语中,最直截了当地传递了教育改革将会采用怎样的方式展开的要件。

我在主席台上倾听着琳达说的奥巴马的这段话,勾起了以往在美国造访将近200所学校的场景。纽约、芝加哥、旧金山、波士顿、洛杉矶、华盛顿、亚特兰大、圣迭戈等等,这些学校的多数是城市中心或是城市郊外最贫困地区的学校、最薄弱的学校。每当我造访这些贫困地区的薄弱学校，一位女性教育家的名字一定会像"希望之星"一般被提及，这个名字就是"琳达·达林-哈蒙特"。这个琳达，如今在讲坛上也可谓之"学校改革的根本哲学"，借助奥巴马总统演说的一段话，充分体现出来了。"These children are our children"。奥巴马的这段话，就是不折不扣的琳达的语言。这是祝愿我们每一个孩子的幸福、寄托学校改革的所有人共有的语言。不用说，通过这一段话，聚会于特别招待演讲的礼堂里的所有听众，都沉浸在期待学校改革的热切意志之中了。

三、希望与激励

我听着这个演讲，感受到作为一个琳达的亲密友人的幸福，并为之震撼。若不是在讲台上，充满感激的热泪一定会夺眶而出。像琳达那样直面现实，同美国的教育不平等而持续斗争；同儿童的贫困而持续斗争；为了社区与学校的民主主义的实现而持续斗争；为了维护每一个儿童的学习权而持续斗争，以及持续支援教师作为专家的成长，借以实现民主主义的学校——这样的教育学家，实在是无出其右者。在美国的学校改革中，琳达这样的教育家的存在本身就是希望与激励。

奥巴马总统在就任前后的教育政策上明言，新自由主义教育政策是剥夺儿童的学习权、扩大并保持贫困与落差的根本原因，官僚主义的教育政策与学校管理是破坏教师的创造性与专业性的要因。为了保障每一个儿童的学习权，任何一个儿童只要有学习的意愿，就得为其准备能够享受大学教育的奖学金；为了每一个教师能够掌握知识社会需要的学科教养与教育科学的教养，就得为其构筑推进教职的高度化与专业化的体制等等。所有这些就是奥巴马总统宣言的教育改革的骨架。

为了每一个人能够享有平等而民主主义的教育，奥巴马总统明言，教育预算翻番，教育科学研究的预算翻番。当然，奥巴马总统的教育改革作为琳达希望的改革能否成功，取决于今后的政治力学。琳达对其改革的发展，丝毫也不乐观。奥巴马就任前夕，排斥琳达、担任了教育部长的邓肯（Arne Duncan），过去是作为布什总统的智囊而活跃的人物，在芝加哥市推进新自由主义的择校制度的人物。用测验的分数来加剧学校竞争与教师竞争、有管理"恶法"之称的《不让一个孩子掉队》（*No Child Left Behind Act*，简称 NCLB 法）法，在奥巴马政权下也没有被废止。琳达把这部法律叫做"玩笑"法，只要以分数禁锢学校与教师、使课堂仍然处于"上世纪的工厂体制"之下的"恶法"仍然支配着贫困地区的学校，那么，即便教育预算翻番、教育科学研究预算翻番，学校改革的努力也终将归于浪费与徒劳。

尽管直面这些现实困难，琳达仍然没有丧失她天生的诚实、灵动与开朗。翌日在特别招待演讲的学会欢迎宴会上，琳达和我围绕 1910 年代、1930 年代、1960 年代美国学校改革工作者的工作，谈笑风生。为了美国教育的平等化与民主化，无数默默无闻、尽心尽力的一线教师及其实践的传统，至今仍然是我们学校改革的哲学与实践的原点。传承"进步主义教育"（progressive education）的革新传统，如今正是重要的时刻。琳达知道，我在二十三年前的博士学位论文就是研究这个题目的。

在这个欢迎宴会上，参与学会的许多研究生和年轻的研究者同琳达愉快地交谈。其中多数的话题是围绕日本与美国教育改革的革新传统的评价，围绕他们当下正在推进的同教师合作研究的意义来展开的。琳达是专门从事实现"学习权"的平等与公正的教育政策研究的，但同时也进行学校改革的行动研究，以及开发教师专业性的研究。在斯坦福大学附近的社区形成了学校改革的网络，研究生也参与了"学习共同体"的先锋学校的创造。所有这一切的实践、研究与经验，对于信赖她、敬重她的研究生和年轻教育研究者来说，都是富于魅力和启示的。

琳达为什么永远是那么稳健、开朗、敏锐、知性，以其灵性的思考创生着创造性的工作，同遇见她的所有的人们交织着希望与信赖的纽带呢？我再一次受到深深的震撼，并且享受着拥有值得敬重的出色友人的幸福，以及从她的伟业中得以直接地持续学习的幸福。这正是改革的出发点。

附记：

此后美国的教育改革同琳达的希望背道而驰，处于迷惘之中。关于这个问题尚待另文阐述。

寻求改革的模式
——美国的"学习共同体"

一、"学习共同体"的源流

作为"学习共同体"的学校原型，是约翰·杜威（J. Dwey）在芝加哥大学创办的实验学校——杜威学校（1896—1904）。该校在学校的中心设置图书室，其周边设置木工与编织作业的教室，科学实验与博物展示的教室等，大学的研究者担当教师，实现了同学术链接、同社会链接的"学习共同体"。现今在芝加哥大学仍然存在"杜威学校"。不过，我三次造访、调查了该校，很难说杜威学校的传统充分地得到了传承。

作为"学习共同体"学校的愿景在其后最为彻底地追求的学校，是在纽约的格林威治·维拉格（Greenwich Village）于1912年创办的"城乡学校"（City and Country School）。创办者是一位名叫普拉特（Caroline Pratt）的社会主义活动家。她设定学习的中心课题为：基于儿童的想象力的艺术表现与科学思维的发展。聘请年轻的前卫艺术家和社会科学家担任教师，推进以贫穷的移民子弟为对象的"儿童中心主义"的学校建设。

这是一所小学，却在美国新教育（进步主义教育运动）的发展中扮演着核心的作用。杜威让自己的女儿艾贝琳（Evelyn Dewey）去该校上学，自己担任该校的顾问，支援普拉特的实验。

我在研究生时期，就在东京大学的图书室里以普拉特的《从儿童身上学习》（*I*

Learn From Children）为线索，读后的冲击至今历历在目。从"What is the School?"的问题出发写起的这本书，从根本上追求学校的理想模式，以丰富的实践案例，具体生动地描述了作为"学习的场所"的学习共同体的愿景。同这本书的相遇，为我的教育学研究与学校改革的步伐提供了思想准备（关于普拉特的学校的历史意义，可参照在我的博士学位论文《美国课程改造史研究》，东京大学出版会版）。

↑城乡学校的《积木》课堂场景

城乡学校至今仍然存在，仍然持续着"儿童中心主义"的创造性实践，了解这一事实是在二十三年前的事，当时我立刻就造访了在纽约的该校，再次受到震撼。该校至今仍然原封不动地传承、实践了创办之初的一百年前富于特色的课程。

该校小学一二年级学生，上午使用整个教室进行基于"积木"的"设计乡镇"的活动。这项活动是基于纽约市街道的现场采访而展开的，在基于这种"积木"的"设计乡镇"活动为中心的基础上，创作故事，用美术、音乐和创作舞蹈，来表现这些故事，然后再扩展到地理、历史的学习。小学 3 年级以后仍然持续开展现场采访，以"阅读"替代"积木"。在初中与高中阶段，创造性艺术表现活动与基于直接经验的科学探究活动成为课程的核心，学校发挥着向社区开放的"学习共同体"的功能。自该校创办以来，其毕业生几乎都成为艺术家、新闻记者、研究人员、教师，活跃于社会的第一线。

想不到，我居然能够同美国的"学习共同体"学校的中心源流——城乡学校相遇，形成了一百年前与二十三年前的两次冲击性体验。从此之后的十年来，我几乎每年都会造访该校，同时也造访同属一个谱系的全美 50 多个推行进步主义教育的学校。这些学校的考察为我的"学习共同体"的愿景与哲学，准备了基础。

二、先锋学校的造访

过去二十多年来，我造访、调查了全美 100 多所中小学，在作为"学习共同体"的学校愿景与哲学的追求中，最受启发的是黛博拉·梅尔（Deborah Meier）在纽约市哈林区创办的"中央公园东区中学"(Central Park East Secondary School)。

　　该校校区是纽约市最贫困的地区、教育最薄弱的地区。在这个地区,黛博拉·梅尔把"现代杜威学校"作为"学习共同体"来创设,实现了值得全美教育界人人惊叹的学校改革,这是该地区最昌盛的时候。通过她的改革,以往70％的学生辍学的学校,一跃而成为全员上学,没有一个辍学者,学力也大幅度提升,升学率从3％上升到70％以上。这是名副其实的奇迹般的成功。

　　我第一次造访该校是在二十年前。尔后,该校成为民主主义学校的愿景与哲学的模范,黛博拉·梅尔是我多年来持续学习的、给予我影响最深的先达。

　　中央公园东区中学是每一个学生都能够活泼地进行协同学习的"学习共同体",同时也是每一个学生、教师、家长都作为主人公能够合作共事的"民主主义共同体"。每次我造访时,黛博拉·梅尔总是笑容满面地回应,"学校的事情儿童最清楚",她自己什么也不说,让学生担任向导,把各个教室的观察与解释委托给了学生。她不坐在校长室里,而是一直在教室里转悠,以笑容可掬的沉稳的表情,倾听学生与教师的声音。她每一天几乎把所有的时间都花在了倾听学生与教师的声音上。她常常说:"所谓教,就在于倾听"(Teaching is mostly Listening)。这是至理名言。

　　黛博拉·梅尔还有不少令人印象深刻的言说。她作为"学习共同体"的创建方提出了三个建议——"少学即多学"(Less is more)、"课程与学校组织越简洁越好"(Simple is better)、"小即细腻"(Small is sensible),作为学校内部改革的方略,可谓言简意赅,意味深长。

　　在这三个方略中,课程与学校组织的重建是"学习共同体"创建的要诀。这一点,我通过尔后日本的学校改革有了进一步的理解。黛博拉·梅尔卓越的学校改革的先行经验,给我的学校改革的愿景与哲学提供了无可估量的启示。直至今日,黛博拉·梅尔仍然是我最崇敬的先达,是创建"学习共同体"的学校改革的志同道合的同志。

三、传统的传承与革新的挑战

　　黛博拉·梅尔后来从纽约搬到波士顿,应波士顿教师工会与教育委员会的邀请,在最贫困地区发展"先锋学校",挑战"学习共同体"的学校创建。"先锋学校"意味着对抗公立学校私立化的契约中学、从公立学校的内部推进改革的一种模范中学。这与我应神奈川县茅崎市教育委员会的邀请,挑战"学习共同体"的"先锋学校"(浜之乡小学)

的创建，是在同一个时期。我多次造访这所"先锋学校"，一直从黛博拉·梅尔身上学到了诸多宝贵的经验。

在波士顿的新型学校的挑战中，黛博拉·梅尔的工作状态一如既往。据说她每天从自宅出门去学校的时候，总是提醒自己："不是去我的学校，而是去他们的学校（their school）"。言为心声，她是校长，却一丝一毫也感觉不到"我自己的学校"这一意识。她在校内的工作全都倾注于"他们的学校"（学生、教师、家长的学校）的创建。

具体地说，她花费了大半的时间，去倾听"他们"每一个人的声音，并且实现他们的希望。她那文静的时时刻刻浮现微笑的面貌，以及每一个人成为主人公一道"协同学习"、作为民主主义的生存方式的哲学所建构的共同体的学校的面貌，使得我的每一次造访都是那么激动不已。

两年前，我应邀在美国教育学会年度大会上作关于"学习共同体"的学校改革的主题演讲时，黛博拉·梅尔以点评者的身份站在同一个讲坛上对我的主题演讲称赞了一番，这是一份荣誉。同我一样，大约在十年前的美国教育学会上，她作了主题演讲，向全美的教育学家报告了"学习共同体"的学校改革实践。

当时，我作为一名听众参与了大会，她的演讲感人至深，全场起立，报以雷鸣般的掌声。司会者接着向她提出了这样的问题："最后想利用这个难得的机会，请您说说，作为一名教师对教育学家有些什么期待。"黛博拉·梅尔的回答是冲击性的："Nothing"（对教育学家没有任何期待）。济济一堂的教育学家们猛然间从原本的狂热跌入冰窟，一下子被沉闷的空气所包围了。文静的她，其用语总是那么直率，从语词本来的意义上说是犀利而激进的。这是唯有热爱教育、寄希望于教育、同教育的现实展开坚忍不拔的格斗、终身献身教育的她，才能有的语言。面对这种语言，我越发敬重她，并给自己立誓：一辈子向她学习。另外，现在黛博拉·梅尔作为纽约大学的教授，一直在致力于培育后辈教师。

北意大利的幼儿学校
——雷焦·艾米利亚的挑战

一、改革的希望

迄今为止,我已经学习了诸多国家诸多学校的创意性挑战,造访了20多个国家,海外造访的学校超过了300所。近年来,全体日本人陷入了"自闭"的症状,懒于学习外国的经验。教师或是教育学家也是同样,即便是加入了海外的学会,日本人与会者也是急剧减少,令人感慨万千。对"内"的"自闭"也成了独善主义的温床。这样下去,日本的教育与教育学能够靠谱么?

2009年3月末,相隔八年,造访了北意大利的雷焦·艾米利亚市的幼儿学校。这座小城市的幼儿学校与托儿所,以践行世界上最富创造性的教育实践而知名。八年前的造访是在瓦塔利巫姆(Watarium)美术馆筹备"儿童百句展"的展览会,同摄影记者同行,旨在取材、拍摄"雷焦·艾米利亚的挑战"(小学馆)的一次访问。这一次造访的目的是,同小学馆的和多利悦先生一起去筹备同样是瓦塔利巫姆美术馆策划的"令人惊异的学习世界"的展览会。

我了解雷焦·艾米利亚的教育是在1989年,当时的一个契机是,参观波士顿展馆里展出的"儿童百句展",被儿童的创造性与教师的卓越性所折服。我在心底里分明地感受到:"这里有着未来的教育。"此后,雷焦·艾米利亚的教育为全世界的教育家所认识,在日本也在2002年举办了第一次展览会,以此为契机,发表了大量的译著和介绍。

↑照片上下均为雷焦·艾米利亚幼儿学校中表达活动的场景

　　这里,我想为那些至今还不了解的人们,说说简单的梗概。雷焦·艾米利亚市的幼儿教育改革运动源于抵抗运动。战后,在成为废墟的意大利,抵抗斗争中的市民为了创建能够实现和平与民主主义教育的自己的幼儿园而站立起来。同这些市民合作的是其后作为核心指导者而活跃的劳力士·马拉古奇(Loris Malaguzzi)(1920—1994)。他是一名教师,在皮亚杰(J. Piaget)担任所长的日内瓦的卢梭研究所从事发展研究。他同父辈们把纳粹遗留下来的卡车与坦克当作废料卖掉、换取资金,亲自烧制砖瓦,建筑一栋又一栋的校舍,在雷焦·艾米利亚市创办意大利第一家公立幼儿园。马拉古奇在回答"何谓创造性的教育?"的时候,他说:"化坦克为幼儿园。"

　　支撑这个小小的挑战的是意大利儿童文学家、《幻想的文法》(《筑摩文库》)的作者罗达利(Gianni Rodari, 1920—1980)等一批知识分子、守护女性劳动权与儿童人权的活动家,以及推进儿童中心主义教育的教育学们。1960 年代雷焦·艾米利亚的幼儿学校闻名全国,实现了意大利最具公共性、民主性、创造性的教育,到了 1970 年代,其卓越的实践闻名于北欧各国。

　　我在十一年前造访之时,看到照片令人吃惊的是,布鲁纳(J. S. Bruner)频繁地造访雷焦·艾米利亚,学习该市的实践。我深切地感到,布鲁纳确实是一个了不起的人物。作为一个实践者,邀请布鲁纳,尔后邀请巴西教育家弗莱雷(P. Freire),把这座小城市引向世界教育改革巅峰的马拉古奇,更是一个了不起的人物。他同弗莱雷齐名,代表 20 世纪后半叶最杰出的教育改革者。

二、教学的对弈,学习是跳跃

马拉古奇在创造雷焦·艾米利亚幼儿教育的过程中,尝试着把 20 世纪的新教育与教育学、心理学的理论融会贯通起来。

杜威、弗雷纳(C. Freinet)、弗里埃尔(A. Ferriere)、阿加奇姐妹(Rosa and Carolina Agazzi)、蒙特梭利教育学,皮亚杰、维果茨基(L. S. vygotskii)、瓦龙(H. Wallon)、布朗芬布连娜(Urie Bronfenbrenner)、加德纳(H. Gardner)的发展心理学,贝特逊(Gregory Bateson)哲学、霍金斯(David Hawkins)的科学教育哲学等等,上述这些理论的交融会通,构成了雷焦·艾米利亚教育实践的创造性观念的基础。

尽管马拉古奇的语言是朴素的,但确实点破了事物的核心。例如,他总是说:"教学是对弈,学习是跳跃。""儿童拥有百种语言"——这是他的一个核心主张。

马拉古奇通过儿童观察以及同教师的合作研究,以想象力表达活动为中心,开发了促进儿童创造性发展的幼儿教育的模式。其特征可以概括如下:

任何一个儿童都拥有创造性的潜能,在所有的教育活动中展开基于想象力的多样的表达活动。

第一,在每一所学校(幼儿学校与托儿所)分别配备教育学家、艺术家,同教师合作,展开教育实践的创造。

第二,在每一间教室配备 2 名教师,展开 TT(小组教学制)教学。

第三,在每一所学校设置画室,每一间教室里都附设画室,提供多样的素材,借以触发表达活动。在教室和画室里备有画材、黏土、表现光和影的透光工作台(光线自下而上透过毛玻璃台面便于描图等工作)和投影机、绘图用计算机。

第四,把教育的优先权放在儿童的表达上,儿童的探究与表达活动作为项目单元中的协同学习来组织。

第五,儿童的活动作为文献管理来记录、通过文献管理的省察,促进教师的合作研究与教师同家长、保护者们的对话。

第六，每一所学校不仅创建学习共同体，而且社区也以学校为中心，创建学习共同体。

三、改革的现在

在抵达的欢迎会上，同二十年前在波士顿的"儿童百句"展上会面的雷焦·奇尔特伦(Reggio Children)会长李纳尔德(Carla Rinaldi)先生重逢，她向我介绍说，马拉古奇国际纪念馆已创办起来，幼儿学校与托儿所的数量已翻番，新的展览会——"令人惊异的学习世界"，已在美国开幕。在该展览会上学习的空间被主题化，美术与舞蹈的融合旨在得以尝试等等。翌日，决定造访幼儿学校与托儿所。

相隔八年造访雷焦·艾米利亚的幼儿学校与托儿所，我不仅看到了其革新性与成长性的传承，而且发现了新的进展。

第一个变化，就是多元文化教育的进展。在我首次造访的马拉古奇国际纪念馆旁边新设的幼儿学校里，显示了社区的特性：教室里意大利籍的儿童只有两三名，八成以上的儿童是外籍，他们是来自中国、尼日利亚、加纳、阿富汗等国的儿童。十一年前造访的时候仅仅在一些学校里看到两三名中国儿童，这种变化是翻天覆地的。伴随着这种变化，在雷焦·艾米利亚的教育中多元文化的教育正在成为一个核心课题。

第二个变化是，教师的世代更换。十一年前造访时幼儿学校、托儿所的教育家、艺术家、教师几乎全被更新。这种大规模的教师班子的交替由于2008年9月市财政的拮据而越发明显，有四成的教师被更换。雷焦·艾米利亚市在少子化倾向日益激烈的意大利，幼儿的数量却在例外地增加，幼儿学校、托儿所翻番。不过，与此同时，财政拮据也使得教师的世代更换得以加剧。

第三个变化是，尽管教育家、艺术家、教师的世代更换加剧，雷焦·艾米利亚的幼儿教育实践的质却在扎扎实实地前行，同时在追求幼小衔接的教育，展现了新的发展面貌。当然，教师的大幅度世代更换与幼儿园、托儿所设施的增加，也带来了若干财政困难。在十年前瓦塔利巫姆美术馆的展览会上邀请到的阿特里埃利斯塔(Atelierista)的维基(Vea Vecci)先生，如今作为展览会与出版社的董事且交际活跃。他直率地告诉我说，尽管教师大批更换，但实践的品质得以维系。不过，理论总结与图书出版比之从前更花时间与精力。我所参观的学校，尽管教师队伍如此大幅度地更迭，但教育的实践确实维持下来了，其方式与方法应当说是洗练的，其秘诀就在于此。

下一章，具体地介绍一下课堂的实践，探究其秘诀究竟何在。

北意大利的幼儿学校
——培育艺术表达的创造性

一、实践的现在

在一个晴朗的意大利的春日里,我同瓦塔利巫姆美术馆的和多利悦子先生一起,造访了雷焦·艾米利亚市的戴安娜幼儿学校与马拉莫狄(Maramotti)托儿所。

戴安娜幼儿学校的再访是时隔八年之后。教师与学生都变了,但《新闻周刊》曾经将其誉为"世界上最前卫的学校"的教育实践与学习环境,依然薪火相传。3 岁、4 岁、5 岁儿童在各自的教室里组成 3—5 人的小组,展开着各自的"项目学习"。项目的课题是"黏土制作的泥人"、"春花的绘画制作"、"恐龙的故事"、"海底风景的作曲"等等,多姿多彩。在 5 岁儿童的班级,教师一到便忙于应对,其他的班级则是在宁静的氛围中,儿童们各自埋头于创造性的活动。这种宁静的学习环境与师生心心相印的场景,同八年前一模一样,完全没有变化。

如果非要说一点变化的话,那么,"项目单元"以更加信赖的方式固定下来了。如今,雷焦·艾米利亚的幼儿教育改革的中心课题《令人惊异的学习世界》,作为学习的场域与环境的创造,在得到有意识的追求。

戴安娜学校也同别的幼儿学校与托儿所一样,旨在艺术表达活动的一间画室成为校舍的中心,在每一间教室里还设置两个迷你画室。对这些迷你画室里丰富的表现素材(画具、笔、纸、木块、小石头、沙子、串珠、玻璃珠、螺丝),做了细致的分类与整理。

雷焦·艾米利亚的幼儿学校教室中学习与表达的画具创造,是耐人寻味、令人惊叹的。在一间画室里恐怕有超过一百件多彩的素材,在小小的箱子里得到精心的整理与准备。

过去在对美国、加拿大、德国、法国的学校造访中,对于教室的学习环境的创造的出色与教室里准备的资料的丰富性,感触良多,但从没有经历过像雷焦·艾米利亚的幼儿学校与托儿所的画室那般,如此精彩的教室,准备了如此丰富多彩的包括自然物品、人工物品的素材,而且这些素材又得到那么细致的分类与整理。每当我面对这样的教室环境,就不由得令人想起日本中小学的校舍和教室的那种枯燥无味不快的情景。为使教师的工作进一步提升到专家水准的洗练的高度,为使儿童的学习进一步提升到丰富而洗练的高度,我们必须对学习环境有更丰富的设计。作为教室环境,必须丰富和充实儿童学习的资料与素材。

雷焦·艾米利亚幼儿教育的实践曾经是以创造性的美术表达活动而闻名,儿童的活动基于项目的课题,聚焦在绘画表达与泥塑创造上。如今的实践、儿童的活动已扩展至音乐活动、阅读活动、舞蹈活动等综合性活动之上。

二、环境的设计

我们向来关注以美国为中心儿童的创造性教育与艺术教育的卓越性。其实,看看儿童的作品及其创作过程的纪录,雷焦·艾米利亚的幼儿教育在儿童的智慧发展与创造性的发展上是出类拔萃、值得夸耀的,这是千真万确的事实。

不过,我们应当学习的与其说是教育达成的成果,不如说应当是持续地创造出如此卓越实践的教育基础与条件。在上次的造访中已有这样的感觉,这一次则有了更加深切的感悟。

雷焦·艾米利亚的幼儿教育基础就在于这座小城,工匠的历史传统以及以抵抗运动为起点的民主主义的历史传统。这两个传统借助“全球化”而得到了新的发展。

哈佛大学的政治学家罗伯特·帕特甫(Robert Putnam)列举了“全球化”带来经济活跃化的地区是北意大利地区与北欧的芬兰,指出在这两个地区中“社会资本”比“经济资本”更加成为经济活力的源泉。所谓“社会资本”意味着人与人之间的关联。全球化时代往往被视为世界性大企业的时代,但实际上经济活力的高地是基于中小企业的活力而形成的。北意大利是以服装设计与工艺引领世界的地区。雷焦·艾米利亚市

↑ 戴安娜幼儿学校的校内景色

所在的艾米利亚·罗马尼亚地方的企业数量之多，可以跟家庭数量相匹敌，一个人在几个企业中展开多样的经济活动。雷焦·艾米利亚的创造性教育实践就是扎根于这样的基础之上发展起来的。

继戴安娜幼儿学校之后造访的是马拉莫狄托儿所，它是在两年前借助马丝马拉（Max Mara）公司的捐款而设立的托儿所。在这次造访中，我为迷人的北欧风格的现代建筑美而深深感动。从事0—2岁儿童教育的托儿所也同幼儿学校一样，配备教育学家与艺术家各1名，在每一间教室里配置明暗两个画室，以艺术表现活动为中心的创造性教育是通过两名教师带领的教师小队来实践的。

0岁儿童使用画具、黏土的造型游戏，1岁儿童在平台上使用自然素材与人工素材的设计活动，2岁儿童通过CD聆听《狩猎者与狼》的故事之后，使用照明器具，展开基于光与影的形象表达的活动。在这里，洗练的项目学习方式也在扎扎实实地实施。

造访马拉莫狄托儿所之后，同八年前一样，受到马克思·马拉社长马拉莫狄先生的招待，同和多利先生一道造访社长室。马拉莫狄先生对现代艺术的造诣很深，在公司的工厂旁边开设了展示数百件现代美术作品的"马拉莫狄美术馆"。全是代表着意大利现代美术的知名画家的大作复制品。马拉莫狄先生对于日本的学术与美术也高度关注，在这一天的造访中就南方熊楠①的话题作了一阵畅快的交谈。

三、传统与创造

无论造访哪一个国家、哪一所学校，我深切地感受到的一点是，学校的教育深深地扎根于该地区的文化与历史的传统。教育政策的决策者们几乎没有认识到：倘若把学校视为浮在真空地带的东西，一味地照搬照抄域外的改革，那么这种学校改革是断然不可能成功的。教育政策的决策者几乎也没有认识到：倘若随心所欲地实施学校的统、撤、并，要毁灭一所学校是简单的，但要创办一所学校却不是那么轻而易举的。倘若希望创造出卓越的学校教育，那么就得发扬本土的历史与文化的传统，扎根于这种传统来创造教育。

造访戴安娜幼儿学校和马拉莫狄托儿所之后，劳力士·马拉古奇国际纪念馆的克劳迪娅(Claudia)先生陪同我参观雷焦·艾米利亚市立美术馆与新近开设的写真美术馆(举办萨拉热窝战争写真展览会)。艺术文化中心是市教育委员会的文化中心，同时也是音乐、美术的艺术大学与研究生院。幼儿学校与托儿所通过同这些中心的密切协作，推进艺术教育。紧接着造访的是面对市中心广场的市立美术馆，展出了众多的罗马帝国时代艾米利亚街道的历史资料与美术品。在市立美术馆的深处的一角，发现有一个"丰塔内西纪念馆"，这个发现是幸运的。

安托尼奥·丰塔内西(Antonio Fontanesi, 1818—1882)，是明治九年(1876)工部大学校(东京大学的前身之一)的附属机构工部美术学校聘来的意大利画家，是日本第一个传授正统的西方油画技术的外籍教师。在日期间只有短短的两年，却教出了浅井忠、五姓田义松、山本芳翠等许多的习画学生②，奠定了日本洋画的基础。丰塔内西的故乡就是雷焦·艾米利亚。丰塔内西生于此，在巴黎受巴比松(Barbizon)画派③的影响，在佛罗伦萨学习印象主义，担任托利诺美术学校的教师之后，应日本政府的邀请，成为工部美术学校的教师。

丰塔内西纪念馆收藏了他的大量作品，作为代表当时意大利的画家，其作品全是精品，其中恐怕也包括了描绘芝的增上寺④的大作。站在这些画幅的面前，我不能不深深地感受到，雷焦·艾米利亚市与日本的艺术交流史上的密切纽带。

我想，艺术的历史是如此，学校的教育也是如此。要使一所学校的教育作为成果得以创造与发展，离不开社区的文化与历史的传统的根基，离不开支撑这种文化的国内外纽带的根基。学校必须扎根在这种文化与历史传统的根基之上。

译注:

① 南方熊楠(1867—1941),日本博物学者、生物学者(特别是菌类学)、民俗学者。

② 明治绘画分为油画、日本画两大门类。日本油画的奠基者是川上冬崖和高桥由一,但他们尚未脱离日本传统绘画的束缚。意大利油画家丰塔内西赴日指导工部美术学校画学科后,日本油画开始接受西方学院派影响,迎来第一次高潮,从中涌现了浅井忠、五姓田义松、山本芳翠等一批活跃的油画家。

③ 19世纪中叶法国部分风景画家群集在巴黎近郊巴比松村从事创作。

④ 增上寺是日本东京最主要的佛寺之一,位于东京都港区芝公园的一座净土宗寺院,山号为三缘山,正式名为三缘山广度院增上寺。该寺的前身是由空海的弟子,也是入唐八家之一的睿容创建于武藏国的贝冢,原寺名为光明寺,属于真言宗的寺庙。1393年净土宗八祖圣聪上人入主,改为净土宗,并改寺名为增上寺。拥有数百年历史的增上寺,现在位址周边拥有三十多间子寺院,其中更有多处是日本国家指定的文化遗产,俨然成为这一地区特有的历史文化。

宁静的课堂革命

——中国

一、疾驰的中国

中国在疾驰。经济成长率每年 9％左右、2008 年 GDP 超过德国上升至第三位，2011 年超过日本居世界第二位。人们相信，数十年之后，必定会超过美国成长为世界第一的大国。换一个说法，倘若不是疾驰，中国就会倒下。富裕阶层与贫困阶层、城市与农村的落差、应试教育的过热与基于拜金主义的伦理的肆虐、过剩投资带来的泡沫危机。——包含着此等种种危机的社会，在波澜壮阔地发生着急剧变化。

中国对"学习共同体"的关注可以追溯到大约 15 年前。以上海华东师范大学钟启泉教授为中心，举办了我的著作的讲读会，大量的论文与三卷本专著得以翻译、出版。这是一个中国积极地推展"素质教育"（quality education）改革的时期。"素质教育"意味着摆脱应试中心的灌输式教育，寻求创造性、探究性的思考能力的发展。在从"应试教育"向"素质教育"转型的变革中，我的以"学习"为中心的教育学以及以"学习共同体"为理念的学校改革的理论，在整个中国大陆得以普及，成为推进"素质教育"的仁人志士的政策与实践。

加速这一动向的活动，是在 2006 年北京人民大会堂由中国教育发展战略学会、中国未来教育学会、北京大学教育学院共同举办的"中国科学家教育家企业家论坛"①上的一次纪念演讲（科技部与教育部的特邀演讲）。我这次访华原本以为是小型研讨会的演讲，却未料到是在人民大会堂的重要会场，在部长及各司局长、主要大学的校长、各省教育厅长以及相关教育学会、科技学会会长等出席的开幕式上，作主题演讲，真是不知所措。对于破天荒第一次由外国的学者在人民大会堂作演讲的荣誉，以及类同于招待克林顿总统的晚宴那般的欢迎，我实在是诚惶诚恐。尔后，我的三部曲中译本成为教育工作者必读的畅销书。在中国的互联网上检索一下"学习共同体"与"佐藤学"两个词，就会出现十五万条以上的相关信息。

我的著作与演讲为什么会引起如此热烈的反响呢？就我自身而言，并不明确其理由所在。不过，在人民大会堂的演讲中赠给我的一块"纪念牌"上铭刻有"中国的朋友，现代的杜威"的字样，或许是期待我能够像当年杜威在1920—1922年那样，为中国的教育民主化作出贡献。但无论是我的能力还是实绩，终究是不能与之比拟的。尽管这是一句过分的赞辞，但对于以"学习"为中心的教育改革与寻求"学习共同体"的学校改革，却分明寄托着殷殷的期待与希望。疾驰的中国，是变革的中国，是在教育领域推进宁静的课堂革命的中国。

以北京人民大会堂的演讲为契机，在中国教育发展战略学会（教育部）与中国未来教育学会（科技部）的支援下，创设了"中国学习共同体研究所"，以此为出发点，在各地开设"学习共同体研究所"（中国未来教育学会的一个部门）及其实验学校。要把握所有这一切的动向是不可能的，但可以揭示若干特点。

特点之一是"学习共同体"的普及方式。意味深长的是，"学习共同体"的学校改革反映了社会经济状况，有活跃地区与不活跃地区。一方面，在北京、上海那样的大城市里，著名大学的附属学校与富裕阶层地区的名牌学校积极地介入，另一方面，偏僻的农村贫穷地区的学校和少数民族地区的学校也在热心地探讨。总而言之，人们认识到，"学习共同体"的学校改革显示了"素质教育"的最有效的愿景；人们认识到，创造性的教育，探究中心的教学，基于实验、观察与调查的学习，协同学习，教师专业性的开发，教师研修活动的推进等等，是作为多样的探索的一个总称。从我所见所闻而言，比之日本的创建"学习共同体"的学校改革更富于哲理性，实践上更富于多样性与囊括性。

二、造访中小学

2009年11月，在上海的演讲会与研讨会结束之后，同翻译于莉莉（东京大学研究生）一道飞赴西安，旨在支援咸阳市与西安市的"学习共同体"的学校改革。咸阳师范学院的王西明教授捧着花束来机场迎接我,王先生是我在人民大会堂的演讲中结识的最信赖的教育学者之一。王先生陪同我去咸阳师范学院,在大学校园的一角设有"咸阳学习共同体研究所"。翌日,举办了欢迎我造访咸阳、西安市与咸阳市5所学校作为"学习共同体"的实验学校的启动仪式。走遍所有这些学校是不可能的,只去了位于咸阳市中心的西关小学。

早上9时,一到西关小学,红色的横幅标语挂在校门口与大门上方,上面写着"学习共同体"的实验学校的创立与欢迎口号。在横幅标语下面的道路两侧,儿童的鼓乐队整齐地排在前列,其后是教师、儿童并排站着,欢迎我们一行。在实验学校启动纪念式结束之后,走访各个教室,而后同该校教师展开座谈。

↑咸阳市"学习共同体"实验学校的启动仪式

直率地说,咸阳的实验学校并没有达到我此前造访的北京、上海的"学习共同体"的实验学校那样洗练的境界。疾驰的中国教育改革,地区之间的落差是巨大的。不能说,咸阳实验学校的教学已从传统的应试教育模式摆脱了出来。也难以说,学习方式已经转型为活动性学习、合作性学习的方式了。

然而,教师们对于改革的热切追求及其寻求创新的活力却是超越了北京与上海的实验学校。教师们导入"创造性教育"与"探究性思考",在热心地进行着反反复复地尝试错误的努力,这种钻研结出课堂的静悄悄革命的果实,将会是指日可待的。

那天下午,在咸阳师范学院举办了一场"学习共同体"演讲会,会场上还举行了"名誉教授"的授予式。拥有 500 名座席的讲堂里座无虚席,讲堂之外还有 300 名的听众听讲,可谓盛况空前。会场上洋溢着的热情与热切的眼神,显示出这个地区的教师们锐意改革的决心是无与伦比的。

翌周的星期一,同王先生和姬建峰先生(咸阳师范学院教育学院院长)一起驱车两个半小时,造访了咸阳市郊外的两所实验学校——彬县城关中学与彬县实验小学。据说,2 所学校着手"学习共同体"的学校改革已经迎来了第三个年头。

一到两所学校,不管哪一所,都在一间教室里展出了堆积如山的资料:研究集录、课程开发记录、课堂研究记录等等。这些资料的展示恐怕是督学视察之际的传统仪式罢。这些研究集录的资料放在手边浏览,其研究与研修的记录可以得到细致的考察,可以对这些学校教师们的实践,忠实地回溯其所经历的足迹。尽管我不懂汉语,但我不能不惊叹:在研究资料的各个部分都记有引自我的著作的语句,根据引述的观念,每一个教师形成自己的哲学,并且创造自身的教学实践的步伐。他们的探讨比之日本挑战"学习共同体"学校改革的教师,更富有于探究性、哲理性。

不过,这些教师的创意性的实验受到种种因素的制约。参观两所学校的课堂,有诸多惊愕。一个惊愕是,教室中的儿童数量众多。在城关中学,一个班级有 70 多名学生;在实验学校,每个班级都有 90 多名的儿童在一起上课。教室的大小同日本的教室相同,每一间教室都显得水泄不通。据说,这种拥挤不堪的教室在贫困的农村地区的学校里,并不罕见。在揭橥"学习共同体"的两所实验学校里,无论哪一个课堂的教师和儿童,都是真挚的、积极的、进取的。不过,观察一下拥挤不堪的儿童之中的学习活动,可以发现半数以上的儿童并不理解教学的内容,在低级性的错误上反反复复地折腾。在这种环境之中,这是理所当然的结果。

在参观后的教师研讨会上,大部分时间花在接连不断的提问上。通常这种研讨会是按照如下的方式进行的:先是校长作长篇的致辞,其后是主管研修的教师报告实验与研究的经过与成果,再后是大学教授和督导人员的点评,最后是校长陈述谢辞。由于这次研讨会打破了这种传统的惯例,让教师陆陆续续地提问,通过同教师的对话来展开研讨,所以一部分年长的教师似乎对我抱有反感。

但是,几乎所有的教师都围绕以往研究中发现的事实与问题,议论风生,畅所欲言。"一个班级规模 90 人的状态,怎样才能实现 4 人小组的协同学习呢?""在协同学习不能充分展开的条件下,怎样才能实现基于对话性沟通的探究学习与克服低学力的协同学习呢?""我们总是疑团重重:在90人的班级里难以实施小组协同学习的状态下,尽管一直致力于寻求创建'学习共同体'的创造性教育与探究性思维的教育,但究竟怎样做才能实现呢? 即便有可能实现,这样做,称得上是'学习共同体'的实验么?"——对于这些质问,我无言以对,只能表示体谅其苦劳、表达一下敬意而已。

在造访该校的前一天,我们游览了咸阳的兵马俑、西安古都的遗迹(长安)。无论汉字、教育、文化、宗教,日本人来到这里留学的历史,令我思绪奔腾。我想,在这绵长的日中文化交流步伐的延长线上,"学习共同体"的学校改革也占有了一席之地。

译注:

① 2006年7月21日,中国教育发展战略学会、中国未来教育学会、北京大学教育学院共同举办"中国科学家教育家企业家论坛"在北京人民大会堂开幕。这次论坛受到社会各界的广泛关注与参与。中国未来学会会长(民政部前副部长)张文范致辞,中国高等教育学会会长(教育部前副部长)张远清、中国教育发展战略学会会长郝克明、中国人民大学校长纪宝成、日本东京大学教育学院院长佐藤学教授等国内外19位专家学者到会演讲。

哈尔滨市"学习共同体"的考察

一、"东方的巴黎"

2010 年 8 月 13 日,经由北京来到哈尔滨访问。在北京,相隔三年再访了中央教育科学研究所,同袁振国所长举行了规划"中日教育论坛"之类的有益会谈。中央教育科学研究所是中国的教育学前沿研究的核心,其出版社(教育科学出版社)出版了我的三部曲专著(《课程论评:走向公共性的重建》、《教师这一难题:走向反思性实践》、《学习的快乐:走向对话》,均由钟启泉译,结集成两卷本的《课程与教师》、《学习的快乐:走向对话》中译本出版)。在令人怀念与愉快的会谈结束之后,奔往哈尔滨。哈尔滨之旅是我的夙愿。许多中国人告知,自 2006 年在人民大会堂举办学术演讲以来,他们都受到哈尔滨市教委主任孙先生热情接待,哈尔滨作为"学习共同体"的学校改革的据点,正在不断成长。

黑龙江省首府哈尔滨的人口 400 万人,是一座交织着中国文化、俄罗斯文化和日本文化的迷人的城市。在日本侵略扩张的殖民地时代就被称为"离日本最近的欧洲"、"连接巴黎与东京的中间地带"、"东方的巴黎"。其风貌格局,至今在美丽的街道上残留着昔日的遗痕。特别是中央大街,1920 年代的俄罗斯建筑与林荫树交相辉映,是世界有数的街道。

对我的邀请是黑龙江省与哈尔滨市教育委员会五年来的企划。在富于装饰艺术的"哈尔滨国际饭店",为我准备了周恩来总理常宿的房间,而在这个宾馆举办的演讲会则成了"学习共同体"改革的飞跃性的一步。

哈尔滨市的学校改革受惠于极好的条件。黑龙江省教育厅孟凡杰厅长、南冈区陆桂英副区长、哈尔滨市南冈区教育局孙波局长,不仅都是"学习共同体"的推进者,而且该市的教师几乎都在阅读我的著作《静悄悄的革命》(李季湄译,原著《变革课堂,学校变革》)。无论在演讲会还是在研讨会上展开的直率的、真挚的讨论都反映了这种活力。

哈尔滨市早在四年前就在凭借我的著作在众多的学校挑战"学习共同体"的创建了。我造访了其中的 4 所学校,参观了这些学校的课堂,同教师们一起围绕课堂改革展开了讨论。我造访的学校是花园小学、继红小学、闽江小学以及虹桥中学。观摩了花园小学 3 年级的语文课、数学课、音乐课;继红小学 2 年级的美术课、数学课、语文课;闽江小学 3 年级的语文课、数学课、英语课;虹桥中学的化学课、语文课、数学课。尽管是暑假,乘我造访的机会,教师和学生们都返校,一起探讨了课堂教学。

中国的学校规模比日本的大得多。花园小学的儿童数约 3000 名,继红小学的儿童数约 5000 名,闽江小学的儿童数约 1000 名,虹桥中学的学生数约 4000 名(并设小学,合计约 7000 名)。班级规模也相当大。2009 年造访的西安市与咸阳市及其郊外的小学、初中的班级规模是 70—90 名。哈尔滨市上述的学校规模没有那么大,但每个班级也有 40—60 名的儿童在学。在规模大的学校与规模大的班级里推进"学习共同体"创建的学校改革是不容易的。我对教师们的努力佩服不已。

二、进展中的改革

4 所学校的课堂教学都是令人惊叹的。从中让我窥见到,他们四年来孜孜以求、反复摸索,既非参观了某所学校的启示,亦非得到了某个管理者的垂青,而是全然以我的著作为线索。面对教师们的创意性挑战的成果,一股敬意与感动,从我心底里油然而生。这里,不妨通过闽江小学(校长李荫莲)课堂教学概要的介绍,来传达一下其革新的一个侧面。

闽江小学在所有的教室里配备了 4 人座的课桌椅与电子黑板(电子黑板在哈尔滨市所有的中小学教室里均有配备)。在这种课堂环境之下小学一二年级儿童展开结对学习,3 年级以上展开男女生混合 4 人小组的协同学习。我所观摩的 3 年级学生课堂中的小组协同学习,比之以往我在中国大陆造访的推进"学习共同体"创建的 30 多所学校,更加洗练。同日本的"学习共同体"学校的课堂教学相比也毫不逊色。在我造访之际,据说该校有30多名的教师在公开课的招募中争相报名,校长只能满足3名年轻教师的希望。这个事实暗示,校长李先生是一位众望所归的见识高明的女性教师。

王惠颖老师上的3年级语文课是《美丽的小兴安岭》,这位女教师的定位是极其出色的。一举手一投足是那么优雅准确,就连不懂中国语的我也可以想象出她所表达的话语的意涵。用词简洁,便于为每一个儿童理解。教师边讲述,边倾听,关照到每一个学生。仅从这一点就可以确认这四年来该校教师扎实的研修成果。教材是描写小兴安岭的四季景色。通过小组协同学习交流课文的表象,反反复复地朗读描述春夏秋冬山野美景的语句,来感受小兴安岭的美丽,体会准确生动的语言,这堂课的设计与展开也是出色的。更令人感动的是埋头于小组协同学习的儿童活动的出色。在个人主义竞争强烈的中国,况且是在3年级,能够如此从容地实现协同学习,是难能可贵的。

3年级数学课是学习《万以内的加法和减法》,主讲者王玉娣老师的教学设计也是出色的。围绕三个问题展开小组学习:(1)根据统计表中的信息提出数学问题;(2)列式解决所提的问题;(3)用什么方法计算算式的得数。在理解连续进位加法的算理的基础上,使每一个学生学会准确笔算两位数的连续进位加法,并解决问题。在小组协同学习中,决定主持人是唯一的难题,但在这间课堂里,作为3年级学生的协同学习是完美无瑕的。

↑闽江小学的协同学习

年轻的英语老师张志坚也展开了堪称完美的4年级英语课,令我吃惊。该课的教材是小学英语EEC教材4年级上册 *Lesson 6 Can You Play Baseball?*（Part1）。整节课围绕"棒球"(baseball)这个话题展开。他把篮球、排球、乒乓球、棒球带进教室里,让儿童加深对重点句型"Can you play baseball?"的把握,通过对"Can you . . . ?"这一句型的拓展,进一步提高学生听、说、读、交际等综合素质能力。重点练习了单词:bat、glove(s)、baseball,句型:What's that? It's a . . . , What are they? They're . . . , Can you . . . ? 在这堂课上经过所用单词的音节的区分(base-ball),以及使之联想同样音节词汇的学习(bat,hat,cat),最后进入归纳性的表达活动,环环相扣。任何一个环节都不是教师单向地传递,而是借助儿童的发言所建构的,相当出彩。这堂课也是把小组协同学习置于核心地位,从基于协同学习的教学这一点看,也堪称完美。

闽江小学的三堂课,如实地反映了哈尔滨市创建"学习共同体"学校改革正在取得扎扎实实的成果。

三、亚洲改革的波澜

从哈尔滨机场飞往韩国的仁川机场,参加首尔市郊外的学校举办的"第一届学习共同体实践研究研讨会"。这是一个定员400名的研讨会,报名者却在短短的三天里突破了定额,据说有200多名等待解约。规划研讨会的是我的学生孙于正先生(韩国学习共同体理事长),他一直致力于指导韩国各地的学校,推进"学习共同体"的学校改革。2010年,在韩国的六个省选出了革新的教委主任,学校改革的波澜于是推向了全国。特别是临近首尔市的京畿道的改革取得了惊人的进步。这一天,我在演讲之后,也分别展示了小学、初中、高中的三段课堂录像,在共计九个分科会上,围绕基于"协同学习"的课堂改革与"学习共同体"的学校创建的问题展开了热烈的讨论。这是一个公开研究课堂教学的传统十分薄弱的韩国。展示了课堂录像的教师笑嘻嘻地说:必须要有"提供器官那般的勇气"。几乎所有的与会者都是挑战"学习共同体"的学校创建的教师,首届全国规模的交流会,从早上一直到晚上,群情高涨。韩国的夏天也是热气腾腾的。

近年来,在亚洲各国,"学习共同体"的学校创建获得了飞跃性的扩展。我在两个月前造访的新加坡,作了两次演讲:《日本授业研究的历史与现在》、《"学习共同体"的学校创建》。这次演讲会,新加坡几乎所有的小学、初中、高中校长都来了,其中七成的校长着手以课堂研究为核心的学校改革。尽管是自由参加，但参加这两次演讲会的教师总数超过了 1000 名。另外，一个月前，印度尼西亚教育部的行政官员和校长 32 名来日本进行为期一周的参访，听取我的报告，举办课堂案例研究讲习班，以及参访 3 所"学习共同体"先锋学校。在印度尼西亚，"学习共同体"的学校改革成为国家政策，每年实施 4000 名的改革骨干的研修。

哈尔滨市"学习共同体"学校改革的波澜，首尔市"学习共同体实践研究研讨会"的波澜，包括日本在内的各个国家的改革波澜，在会通、在共振。如今，亚洲各国的中小学正在同步地展开学校教育中的"宁静的革命"。

疾驰的上海课堂改革

一、疾驰的改革

应上海市教育委员会之邀,2011 年 6 月 5 日至 10 日,造访上海市教育委员会、华东师范大学、普陀区子长学校、上海静安区教育学院附属学校,以及日本人学校浦东校,举办演讲与研讨。我的上海造访将近有十次之多,但上海市教育委员会的邀请是首次。在 PISA 中获得世界第一名的上海市教育委员会,把急速地普及的"学习共同体"的学校创建作为课堂改革的基本方策,以上海静安教育学院附属学校为基地,加紧了学校改革的步伐。在这次造访中,我以教研主任为对象做了一场演讲,也参与了在上海静安教育学院附属学校的公开研讨会上基于课堂观摩的现场研讨会。其反响是巨大的。在市教育委员会发行的杂志《上海教育》6 月上,用了整整 12 页的篇幅,编辑了特辑"佐藤学上海行"。

中国的"学习共同体"的改革,大约是在十来年前以上海市的重点学校为中心开始引进,逐渐扩大至整个中国大陆的。其发端是华东师范大学的钟启泉教授翻译我的三部曲——《课程论评:走向公共性的重建》、《教师这一难题:走向反思性实践》、《学习的快乐:走向对话》(均为世织书房)的中译本出版(《课程与教师》、《学习的快乐:走向对话》两卷本,均为教育科学出版社),以及同样是华东师范大学李季湄教授翻译的《课堂变革,学校改变》(小学馆)的中译本《静悄悄的革命》(长春出版社)。尔后,关于"学习共同体"的多数论文也在中国的学会杂志和教育杂志(《全球教育展望》、《上海教育》

等)得以翻译介绍。构成爆炸性普及的契机,是从 2006 年受中国政府部门之邀在北京人民大会堂的特别邀请演讲开始的。而后,"学习共同体"的学校改革以北京、上海为中心,扩大至整个中国大陆。我自身在 2009 年造访西安市与咸阳市的改革基地学校,2010 年造访哈尔滨市的改革基地学校,对于作为"学习共同体"的课堂改革的愿景与哲学如此狂热地受到一线教师与教育行政官员的接纳,我不由得惊叹不已。而且,哈尔滨市的若干学校的课堂改革甚至超越了日本挑战"学习共同体"的课堂教学,催生了优质的学习与教师的成长。中国的教育改革同经济一样,在疾驰之中。

中国"学习共同体"的学校改革,最初是在上海市、北京市这些都市中的著名大学的附属学校与称之为重点学校(2005 年废止)的精英学校为中心推开的,但另一方面,耐人寻味的是,也在地方城市的薄弱学校与边境地区的少数民族学校里得以普及。不过,最近像哈尔滨市和上海市那样的地方城市的教育委员会,形成了政策化的动向,伴随而来的是在中等水准的学校普及。我自身并不充分理解是什么因素造成了这种广泛的关注与普及,但有一点是确凿的,那就是比别的理论,"学习共同体"更具体地提示了 21 世纪型的课堂教学的愿景与哲学,指引了从传统的划一教学与知识灌输的教学中摆脱出来的方向。

二、"优质"与"平等"的兼得

这一次造访的两所学校的课堂教学都是以协同学习的方式达成高水准教学内容的教学实践,意味深长。率先造访的是上海市普陀区子长学校(校长黄宏慧)。该校是市内一所九年一贯制的中等规模的学校。这所学校着手"学习共同体"的学校改革是在四个月前,经由华东师范大学沈晓敏教授的撮合,多年来倾心于"学习共同体"教学改革的日本人学校浦东校(福井明雄校长)与有意锻炼课堂改革内功的子长学校,促成了教师之间的课堂观摩,促发了子长学校的课堂改革。观摩了两节课,一节是高艳老师上的小学 3 年级的英语课 *My favourite season*,另一节是赵霞老师上的小学 6 年级的数学课《一次方程组的应用》。

在小学 3 年级的英语公开课中,先是唱英语歌,并以节奏明快的视频,快速引入四季这个主题。出示文本,整体感知四季。以文本的形式把一年四季独特的季节特征表达出来。再以两个问题编写一个小对话:"What's your favourite season?""Why?",以对话的形式,把喜欢的理由陈述出来,展开小组协同学习。用英语来表述四季中的"天气"、"植物"、"服装"、"活动"之类的特征,以表格归纳的方式,帮助学生梳理在四季中不同的感受,同时借助表格下方的句式,操练说话,增加语量的输出:你喜欢怎样的季节? 这个季节的"气候"怎样? 这个季节的"植物"是什么? 在这个季节里你喜欢什么"运动"? 然后指导作文的格式:Top sentence(开头)、Supporting sentence(中间部分,即表格中提到的各项内容的整合)、Concluding sentence(结尾点题)。借助"学生作业单"(附有句型提示、关键词提示),以小组合作的形式,完成表达自己"在四季中不同感受"的文本。最后在小组中交流和分享各自的作文。想象不到的是,小学 3 年级学生居然也能够完成,而且全是用英语来交谈的。在中国大陆,英语教学从小学 3 年级开始实施。不过,上海市根据自身独特编制的课程标准,从小学 1 年级就开始实施英语教学。同日本的一个根本性差别是,英语教师全是英语专科毕业的教师,从而保障了教学内容的高度与优质的学习。

作为"学习共同体"创建的教学,小学 6 年级的数学课也实现了优质的学习。每一个儿童都能够聚精会神地参与学习,每一个儿童都得出了正确的答案,令人惊异[①]。

三、优质与平等的秘密

在 PISA2009 的国际学力调查中,上海市在学力水准上不仅名列世界第一,而且学力落差也是世界上最小的,最低层次的学力水准的儿童数也是世界最少。关于这次 PISA 的上海市的结果,尽管在样本的可靠性方面有些许疑团,但从我自身对上海市大量学校造访的经验看,在 PISA 公布之前,这个结果就已经料想到的。在我看来,尽管可能会有某些误差,但结果本身是真实的。

这次学校造访与课堂观察的目的主要是在于确证:学力水准之高、学力落差之少与低学力儿童之少,究竟可以归因于教学的哪些因素?

参与上海静安区教育学院附属学校(校长张人利)的"学习共同体"公开研讨会,得以再次窥视上海市荣登世界学力之冠的秘密。该校(九年一贯制学校)公开研讨会打出了"学习共同体·'茶馆式教学'"的标识。"茶馆"意味着"陶质小茶壶,煎透思考"(deliberation 与 elaboration)之意。

公开课是两节。黄子懿老师的 2 年级语文课《端午节·粽子》,7 年级陈燕老师的数学课《实数运算的复习》。这两节课将"茶馆式"教学的理念演绎得淋漓尽致。在语文课上,黄老师以"学习共同体"为原理,小组协同学习构成了整堂课的基调:首先是让

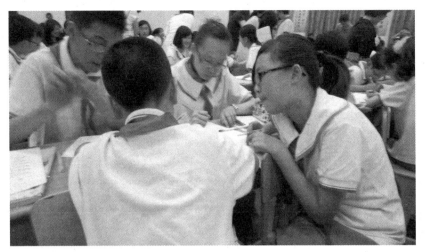

学生通过各种形式的朗读,加深对课文的理解,通过学生小组讨论,让学生交流自己对字书写的理解。帮助书写有困难的同学,听课老师手上拿着学情分析,发现班上学习最困难的学生也能当堂掌握以往很容易写错的词。而在初中7年级的数学课上,两张任务单成为整堂课的主线。学生通过小组交流完成手上的任务单,在小组讨论中,学生自己发现问题,组内解决。教师根据哪些是学生自己能学会的,哪些是学生自己学不会的,怎样才能让学生真正学会,设计了这两张任务单。这是基于"夯实"与"冲刺"两个层次的课题来设计,以协同学习方式来实施。这两堂课的一个共同特点是,教师讲得少,听得多;学生议得勤,问得多。"茶馆式"教学强调的是学生学得完整,而不是教师讲得完整。另外,我对于中国大陆数学教学内容的高难度惊诧不已。

前天去观摩的上海市中等水准的子长学校的英语课与数学课,以及可以肯定属于市内教师水准最高的上海静安区教育学院附属学校(对学生一视同仁)的语文与数学的教学,显示出如下共同的特征。

第一,教学内容的高度。同日本的教科书内容相比,无论是小学还是初中都高出了2至3个学年的水准。一般而言,教学内容的水准一旦提升,低学力的儿童也会增加,这是凭借常识往往可以想象得到的。从PISA的结果看,学力落差小的国家与地区(上海、芬兰、加拿大、澳大利亚、韩国)是教学内容深的国家与地区,反过来,学力落差大的国家地区,是教学内容浅的国家与地区。乍看起来这个结果是矛盾的,我想是值得我们好好从教育学的角度展开探讨的。

第二，教师的素质与能力的高度。中国城市地区与农村地区的教育落差极其显著。此前造访的北京市、上海市、西安市、咸阳市、哈尔滨市等都市地区学校的教师，素质与能力都是很高的。他们的改革不仅以急剧的速度进行，而且其最大的特征是，时时阅读书籍，持续坚持学习。在我看来，比之日本的教师更为出色。

第三，观摩任何课堂教学留下的深刻印象是，课堂的展开是以学习困难儿童为中心加以设定的。在所有的课堂里，一定会给予学习困难儿童发表见解的机会，真不愧是"社会主义国家"。

第四，结对学习、小组协同学习的运用。上海市教育委员会导入"学习共同体"的方略也显示出 21 世纪型的教学模式乃是创造 PISA 佳绩的基石。

如今，在上海市的中小学里，"宁静的革命"正在急剧地进行。这是从传统的灌输教学模式转向协同学习的教学模式的"宁静的革命"。所有的学校也都处于"宁静的革命"所创生的根本性变革的漩涡之中。我们应当投身这种课堂变革，守望课堂革命的进展。

译注：

① 该节课围绕三个问题展开合作探究。问题一："12 个足球队进行单循环赛（每两个球队之间均只比赛一场），规定胜一场得 3 分，平一场得 1 分，负一场得 0 分，某球队平的场数是负的场数的 2 倍，积分 19 分，问该队胜、平、负各几场？"通过审题，相互交流讨论，理解"单循环赛"以及"其中一个球队比赛的场数"，准确找出题目中的三个等量关系，列出方程组解决问题。问题二："2010 年春季我国西南大旱，导致大量农田减产。下图是一对农民父子的对话内容，请根据对话内容分别求出该农户今年两块农田的花生产量分别是多少千克？"通过问题二，培养学生学会解决有关"对话式"的应用题，理解对话中的有关信息，找出题目中的等量关系；引导学生研究其他设未知数的方法，比较直接和间接设未知数的优劣。

咱家两块农田去年花生产量一共是 470 千克，可老天不作美，四处大旱，今年两块农田只产花生 57 千克。

今年，第一块田的产量比去年减产80%，第二块田的产量比去年减产90%。

↑农民父子对话内容

最后提出的问题，系"冲刺性课题"：甲、乙两种无盖的长方体小盒，如图 1 所示，它们的各个面是如图 2 的正方形或长方形的硬纸片。现将 150 张正方形硬纸片和 300 张长方形硬纸片全部用于制作这两种小盒,可以做成甲、乙两种小盒各多少个?

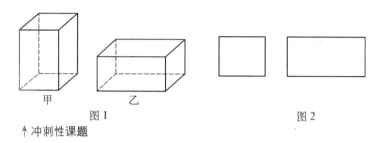

图 1　　　　　　　　　　　图 2

↑冲刺性课题

　　问题三的等量关系较为隐蔽,通过列表的方法来梳理已知量与未知量之间的关系,帮助学生寻找解决问题的突破口,在此过程中体会列表法的作用,并进一步学会去尝试列表。整节课是以男女生混合的 4 人小组的协同学习为中心展开的。每当一个问题结束,就发表各自多样的解法,全班分享。

走向学校文化的变革

——韩国"学习共同体"的挑战

一、教师的挑战

韩国自导入"学习共同体"创建的学校改革以来，大体走过了十年的岁月。在导入的最初时间里是缓慢的，但近年来可以说有了爆炸性的进展。"学习共同体"创建的学校改革，无论在教师的关注度与挑战的能量，抑或在对于学校政策的影响上，其磅礴气势凌驾于日本之上。

近年来，每年大体有来自韩国的 200 名的教师、教育行政官员、教育学者，参与日本先锋学校造访的旅游。这个旅游的策划者是主持首尔市教育委员会设置的青少年中心兼教师研修中心的哈贾中心（Haja Center）的"学习坊"的孙于正女士。她是 1980 年代民主化学生运动的领袖人物之一，担任过新罗女子大学的讲师，之后赴东京大学研究生院深造，在我的研究室里研究韩国中等学校的殖民地教育的历史，获得了博士学位的出色的教育研究者。孙女士回韩国历任国会政策秘书（从事教育政策研究）之后，现在以哈贾中心作为据点，推进"学习共同体"的学校建设。

她对于改革的强劲意志与所倾注的充沛活力，超出了我的意志力与倾注的活力。实际上，在近十年间，合作的教师数与造访的学校数，以及主持的学校改革的研讨会数，超出了我的活动量。而今，孙女士是韩国中小学教师与教育行政官员中最受信赖的一位教育学者。这样的教育学者在我的研究室里得到培育，是我自身的骄傲。同这样值得尊重、值得信赖的教育学者一道从事超越国境的合作研究，也是我无上的幸福喜悦。

孙女士个人的见识与能力是有目共睹的，韩国"学习共同体"创建的改革活力之高涨也是显而易见的。我自身在这十年间大体每年都会以首尔市与釜山市为中心，举办"学习共同体"的研讨会。与会者年年增加，2010年4月，在首尔市、釜山市、光州市、昌原市举办的研讨会，有将近2000名教师参加。这种广泛性也扩展至行政与学界。2006年，在卢武铉总统的教育革新委员会，同美国教育学学会会长贝克（Eva Baker）一道应邀作政策建议的演讲。同年，又应邀在韩国教育学会的年度大会上作主题演讲。尔后"学习共同体"的学校改革，作为教育部的国家政策与地方教育委员会的政策，以及教师工会组织的学校政策得以导入，唤起了众多教育新闻工作者、教育学者的关注。通过孙女士的努力，我的四本著作和大量论文在汉城出版，成为普及的推动力。附带说一句，在这一连串的研讨会与日韩两国教师的交流中，我研究室博士课程的研究生申智媛为我进行了完美的同声翻译，成为活跃的国际教育研究的巨大推动力。

二、改革的背景

那么，为什么韩国的中小学教师把可以谓之爆炸性的改革能量倾注于"学习共同体"的学校改革呢？韩国的中小学教师为什么能够如此地把学校改革的希望寄托在"学习共同体"的愿景与哲学之上呢？

关于这个问题，能够为我提供一条线索的是，大约在八年前到手的一部录像映画。据说这是一部在韩国教育工作者之间唤起了最活跃的话题的一部作品。向我介绍这部映画的是韩国有代表性的女权主义社会学家、在日本也知名的赵惠贞先生（延世大学教授）。她也是创办前述的哈贾中心、作为该所所长，国际性地推进"创设微型小学"，推进"学习共同体"创建的孙先生的最大的支援者，是我在韩国最熟悉的一位知识分子。

这部映画的冲击力是强烈的。50分钟的镜头全部是初中课堂的一节课的场景，而且是平淡无奇、司空见惯的课堂场景。极具特征的是镜头的构成。从正面摄影的男性教师（从学生的视角出发看见的教师）以及从讲台的视角看到的50名学生，仅仅这两个摄像机的录像就长达50分钟。并不存在任何故事情节。不过，两种视角的图像却是彼此连贯的。我边听申先生的同声翻译，边看录像，录像中醉心于灌输教学的这

↑ 首尔市郊外"学习共同体"先锋学校的课堂场景

个教师是完全不信赖学生的,也不跟任何人交谈,整堂课是平铺直叙地进行的。学生也是同样。为什么有一名学生的课桌空着?为什么一个个学生都正襟危坐,教师点名了才回答,只是在闷头记笔记呢?然而,从中却分明可以发现,无论是学生还是教师都抱有根深蒂固的不信感。不仅对教师如此,而且在学生之间也是彼此不闻不问,每一个学生都陷入了相互不信任。这样,只要观看了这段录像,50 分钟没有任何特色、任何情节的课堂教学的场景,就会在这种难以言表的、喘不过气来的强烈冲击之下,锁定视听者,陷入沉重的思索之中。映画的最后,是交代这一节课的前一天,这个课堂里的一名学生自杀了。对此一言不发的教师和学生,似乎什么事也没有发生,如此漠然地上课的学校,映画用尽了各种方法雄辩地描述了这种压抑体制下的异常性以及语言与行为的空虚性。这是一部了不起的映画。

不过,这部映画所描述的课堂场景不是异常的场景,而是谁都体验得到的学校日常的场景。在日本也是如此。韩国的学校不是儿童与教师一道展开协同学习的空间,而是教师一味灌输教科书知识的空间;是不容许儿童提问、质疑的受罚的空间;是强制死记硬背与考试竞争而非体验协同学习之愉悦的空间。例如,韩国的初中生一旦施暴或是反抗教师,就得送进部队。由于这种恐怖,对教师的暴力与校内暴力是备受压制的。但是,正因为如此,对拥有权力的教师的不信与反感就更强烈。再者,规定高中生每天携带三个便当上学。这就是一切为了考试。每天早上 7 时上学时用的便当;在通常的教学间隙时用的便当；以及在通常放课之后至晚上 10 时为准备应试补课之用的便当。令人惊异的是，补课在原则上是由学生自主选择的，但是没有一个学生是不参加的。而且，多数的高中生每天晚上 10 时至深夜一时还要去校外的私塾补课。这种异常的学校生活在韩国已经持续几十年了。

三、变革中的学校文化

在韩国的中小学里，正在形成巨大改革的波澜。首先是小学和初中的儿童大规模地发生"逃学"的现象。在高中，同步教学也难以形成。例如，在今日的高中里，补课一直进行到晚上 10 时，每一个高中生都得参加，然而其中的大半都伏在课桌上，几乎没有学生在听课。由于严格的罚则与严酷的竞争，尽管无论哪一个学生对教师都没有什么明目张胆的暴力行为，却在沉默之中，对学校与教师的不信感更加变本加厉，越发根深蒂固。面对这种现实，许多教师抱有危机感，许多教师在追问学校教育的模式，痛感转换教学方式的必要性，开始了教育的"革新"。在这方面，以孙先生为中心，为教师们解读了创建"学习共同体"的学校改革的愿景与哲学。

学校的改革既不是单凭一纸处方能够完成的，也不是照搬某种模式能够成功的。它是一种愿景、一种哲学，唯有借助日常的创造性实践的经年累月的积淀才能实现。学校改革的实现必须有传统的传承，必须有经过缜密思考的明晰的见识、不惧失败的不屈不挠的勇气，和对于明日教育的希望。很难说我们的中小学教师具备了所有这一切。

韩国教师们造访日本"学习共同体"学校改革的先锋学校（筑波市并木小学、富士市元吉原中学、富士市田子浦中学等），直接观察了这些学校的优质教学以及基于同僚性的作为专家共同成长的面貌，向我传递了他们心潮难平的感动。同时，这些造访者也直率地向我传递了韩国的学校文化与教育行政所存在的深刻的迷茫与改革的艰难，我倾听着这些发自内心的声音，同时坚信，韩国正在萌发的改革的氛围是值得信赖的。

在学校改革的挑战中，失败的经验比成功的经验更加重要。只有从无数失败中学习的人，才能获得改革的成果。韩国复杂而艰难的教育的历史与教师不屈不挠的经验，一定会在经历了挫折与失败的锤炼之后，得以开辟出新的希望之路。在今日韩国，"三位一体"——同客观事物进行对话、同他者进行对话、同自身进行对话的——的学习哲学，正在变革着课堂，变革着学校文化。

韩国的"学习共同体"

—— *改革的源流*

一、"革新学校"的胎动

2011 年 6 月 2 日至 3 日,应邀在韩国京畿道教育委员会主办的"学校革新国际会议"上作主题报告。这次国际会议的主要课题是"革新"(innovation)与"创造性"(creativity)。无论是人口还是在经济力上首尔市周边地区的京畿道都是韩国最大规模的地区(道市),在政治与教育方面也承担着主导的作用。2010 年,在这个京畿道选出了被称为"首位革新的教育局长"的金局长。尔后,在韩国全土的十三个道市中的六个道市相继选出了"革新的教育局长",这六位教育局长形成了"教育革新"的纽带,推进了抵制保守政权的民主教育改革运动。六位革新的教育局长选出的地区都是人口众多的地区,学校数与儿童数约占整个韩国的近八成。

国际会议邀请的海外研究者与行政官员的国家是日本、法国、瑞典、芬兰、美国。来自法国的弗雷纳教育的研究者、瑞典、芬兰、美国的基于社会民主主义的学校改革的政策研究者与教育行政官员等,所有的报告都是基于"民主主义"的政治学,对于"学校革新"与"创造性"教育改革的展望。通过同推进韩国"教育革新"的教师、研究者、行政官员的交流来展开探索。与会者约 600 名,几乎都是"革新学校"(改革的基地学校)的教师。

在公开的主题报告中金教育局长强调,在选举中选出"革新教育局长"这个事实本身在韩国教育史上就是一个"历史性事件",是教育民主化的新胎动的开始。事实上,以金教育局长为中心,京畿道教育委员会提出的学校改革的愿景与政策,仿佛充满了日本战后民主主义教育的爆炸性能量。不同于日本战后民主主义教育的是,其愿景与政策是以"全球化"为背景的,明确地体现了"迈向21世纪的学校"这一先进性与革新性。

以京畿道教育局的金局长为首的六位革新教育局长,以各自道与市的教育委员会为基础,推进抵制保守政权的学校改革。其中心就是把"革新学校"作为基地学校来设置,借助基地学校的网络来推进整个地区学校改革的方式。借助这种"革新学校"(改革基地学校)的学校改革,五年前应卢武铉总统的邀请,我曾在教育咨询委员会提议"学校改革网络的"的方式。整个提案通过六位革新教育局长的合作得以实现,令人高兴。

"革新学校"的网络从最初的7所学校开始,如今扩大至120所。设想在两年后全国有400所以上的"革新学校"诞生。"革新学校"提出各自学校改革的愿景与策略,采纳的改革方案由道教育委员会进行财政支援的方式,形成网络。自下而上的草根的学校改革与自上而下的政策支援相结合——这就是基于"革新学校"的特征。

二、"学习共同体"学校的崛起

如今,在120所"革新学校"中有半数以上在推进"学习共同体"的学校改革,这种广泛性并不是一朝一夕产生的。在东京大学的研究生院,我指导的研究生孙于正取得教育学博士学位、历任新罗大学副教授、釜山大学教授之后,也有了政府的政策秘书官经验。她在近十五年来,一直想方设法致力于把"学习共同体"的学校改革的挑战引进韩国。最先合作参与挑战的是被称为"替代学校"的私立学校(自由学校)的教师。通过孙先生不屈不挠的挑战,代表性的"替代学校"——首尔市近郊的"以友学校"成为"学习共同体"的第一个先锋学校,结成正果。通过该校的公开研讨会,不仅在其他的"替代学校"中,而且在公立学校中也逐渐推广了"学习共同体"的学校。

孙先生在致力于创建先锋学校的同时,近10年来每年组织出国旅游,带领100名教师与校长造访日本的"学习共同体"的先锋学校。通过这种旅游考察形成的教师与校长的网络,积蓄了支持学校改革的岩浆般的能量。

孙先生对于民主主义的坚毅意志与学校改革的不屈能量是何等惊人!她每年造

访将近 250 所的中小学,支撑教师的课堂改革与学习改革的挑战。在韩国,再没有像她那样受到教师们信赖与尊敬的教育学家了。过去,我曾经作为她的导师,而今作为她的同志而感到骄傲,她是前程无量的。

↑长谷中学的课堂场景

同孙先生和作为孙先生后辈、在我的研究室里攻读博士课程的研究生,也是熟练的口译者申智媛一起,造访了京畿道代表性的"学习共同体"的"革新学校"之一——长谷中学。

长谷中学作为问题行为多的薄弱学校而闻名,是一所受低学力烦恼的学校。该校通过导入"学习共同体",问题行为急剧减少,学力水准也急剧提升,实现了奇迹般的成功。该校作为"韩国的岳阳中学"(日本的"学习共同体"的第一所先锋学校)而一跃成名,成为整个韩国爆炸性地普及"学习共同体"的"革新学校"的基地学校。

很快地走访了各个教室,观摩了各班教学。在每一间教室里都有效地导入了男女生混合的 4 人的小组协同学习,人人参与学习。真正进入"学习共同体"的改革才不过一年多的时间,尽管在优质的学习(冲刺性学习)上需要进一步地研究,然而,学生之间的协同学习是出色的,而且学习质量的追求也是洗练的。谁都会为课堂里真挚学习的学生的面貌而感动不已,为教师们诚实的教学创造与同僚性的出色业绩而感动不已。

韩国致力于"学习共同体"的诸多学校共同的一点是,文静的骨干女性教师的教学极其精彩。可以说,尽情地发挥她们的卓越性,不正是韩国"学习共同体"的"奇迹般的成功"的秘密么!

三、改革的希望

两个月之后的 8 月 15 日至 17 日，再次造访韩国，参与从 2010 年开始的"学习共同体"的教学改革与学校改革的夏季研讨会"第二届学习共同体行动研究研讨会"。第一届研讨会约有 5000 名教师参与，被爆炸性的能量所压倒，而今更是盛况空前，开始接受报名才三天，就已有接近 1000 名的申报了。

今年的研讨会又迈进了一大步。首尔市新选出的教育局郭局长宣布实施"学习共同体"的政策，不仅为研讨会提供会场，而且承诺出席开幕式的致辞，参与研讨会。首尔市教育局长在日本可以说是相当于教育部长的具有象征意义的存在，他支援的意蕴是巨大的。

在研讨会的前一天，应邀出席教育局郭局长的晚宴。他的前职是首尔大学法学部教授。"学习是儿童人权的核心"，"民主主义社会的实现正是公共教育的使命"。"教育改革的典范是芬兰，北欧型社会民主主义与平等的中学是教育的根本"——所有这些滚烫的话语，就是他作为教育局长的政略。询问他辞去首尔大学教授的职位、毅然决然地担任教育局长的理由，回答是：参访首尔市内的初中，发现所有的课堂里都有三分之一的学生趴在课桌上的情景，于是决断："这是必须改革的。"在教育局长选举获胜之后不久，他说，阅读了我的著作的韩文版，"抱在怀中，夜不能寐。第二天早上，买了500 册送给教育委员会的成员"。不胜感激。

研讨会，教师从韩国各地乘包租的公共汽车，陆陆续续地赶到了会场。他们之中有许多是受"革新的教育局长"支援的"革新学校"的教师。在整个韩国究竟多少个学校在践行"学习共同体"的教学改革与学校改革呢？与会的教师们异口同声地说："这是历史性的事件。"在几年前，这种情景谁又能够预测到呢！

继上午郭局长的致辞与我的演讲之后，在下午小学、初中、高中的 15 个分组会上，展开基于课堂录像的教学研讨会，尔后是全体会议，京畿道"学习共同体"的另一个代表性的"革新学校"、长谷中学 1 年级数学（一次方程式的导入）的课堂录像的观看与点评。这个教学案例也是出色的课堂实践。基于"革新学校"的教学改革在脚踏实地地开拓着韩国的未来。

补注：首尔市教育局郭局长不久由于贿选而被处以"告诉罪"，改革出现往右拐的局面。

亚洲各国的改革浪潮

一、改革的波涛

上面,介绍了中国与韩国揭橥"学习共同体"的改革潮流,同样的改革波涛也在亚洲的其他国家急速地高涨起来。

例如,大约从五年前开始,作为"日本国际合作事业团"(Japan International Cooperation Agency,简称 JICA)事业的一环,以印度尼西亚、越南的校长、教师、教师教育工作者(大学教师)、教育行政官员为对象,展开教育研修的研讨会。每个国家每年有 20 至 30 名左右的教育改革指导者滞留两周前后,参访若干推进"学习共同体"创建的先锋学校,计划同以我为首的日本学校改革的推进者举办研讨会。来自印度尼西亚的来访者已超过 100 名,来自越南的来访者达 50 多名。

这次访日旅游是同印度尼西亚与越南的"学习共同体"先锋学校的创建及其政策策划的经常性事业之一。支撑 JICA 这个事业的核心人员是,具有在我的研究室作为客座研究员经历的专门从事教育的国际开发的斋藤英介先生(新加坡国立教育研究所副教授)与 JICA 的津久井纯先生,以及五年前曾作为哈佛大学客座教授、如今在那里攻读学位的研究生泷本叶子先生。倘若没有这三人精力充沛的活动,在印度尼西亚与越南创建"学习共同体"的学校改革,就不可能如此地普及。再者,在印度尼西亚,作为"学习共同体"创建的先驱者、核心指导者的佐藤雅彰先生(原岳阳中学校长),每年有将近 1 个月的时间赴当地,直接地支援各地的改革。

如今，印度尼西亚的改革处于崭新的局面。印度尼西亚政府"学习共同体"创建的学校改革作为一个国家政策，规定从2010年开始每年培育400名骨干教师。培养这些改革的骨干(指导者与校长)的研讨会每年召开十次。面对这项大事业，斋藤先生、津久井先生都是持怀疑态度的。尽管在印度尼西亚教育工作者之间对"学习共同体"的关注是高涨的，但在各个地区能够稳定推进改革的先锋学校只有几所。斋藤先生、津久井先生的看法是，目前应当是尽可能多地创建一些坚定不移地致力于"学习共同体"的先锋学校。

另一方面，越南的"学习共同体"创建的改革也正在迎来不同于印度尼西亚的新的阶段。去年9月，在河内教育大学举办了斋藤先生规划的课堂研究国际研讨会，邀请了来自日本的佐藤先生与村濑先生(麻布教育研究所)、来自新加坡国立教育研究所的克里斯廷·李(Christine Lee)教授、来自韩国的孙于正先生，围绕越南"学习共同体"学校改革的可能性展开了热烈的讨论。研讨会之后决定河内教育大学附属学校作为先锋学校。

韩国、中国、印度尼西亚、越南等亚洲国家的"学习共同体"学校改革，正在沿着两个航向进行：教育部层次、州层次与市层次的政策化；教育现场的先锋学校的创设。在新加坡，以国立教育研究所教育实践开发中心为中心，强化了对"学习共同体"的关注，决定该研究所的附属学校作为先锋学校开展改革。新加坡国立教育研究所是一所承担教师培养、教育研究与在职研修的唯一的机构，其附属学校作为"学习共同体"先锋学校来展开改革，具有与国家政策同等的意义。

此外，在2009年美国教育学会的年度大会上，我听加利福尼亚大学利特尔(Judith little)教授(同僚性研究的倡导者，近年来参与香港教育政策的策划)说，在香港，我倡导的"学习共同体"的学校改革也正在成为整个特区政府层次的教育政策。坦率地说，新加坡和香港在这几年间的改革的显著进展，是我始料未及的。

二、民主主义的发展

在亚洲各国"学习共同体"的学校创建究竟为何能够唤起教师、教育学者和教育行政官员如此高涨的关注、迸发如此高涨的学校改革的能量呢？对于切身感受这种喷涌而出的改革波涛而震惊的我而言，寻求这个问题的答案并不是轻而易举的。不过，我想如下两点是可以确认的。

↑印度尼西亚"学习共同体"先锋学校的课堂场景

　　第一点,学校改革的底流在于民主主义的发展。痛感到这一点的,是我在2009年韩国的光州市教育委员会与教师工会共同主办的演讲之际。光州市是韩国国内最为全力以赴地从事研究与实践"协同学习"的地区,自然对于"学习共同体"创建的学校改革高度关注,来演讲会听讲的大半听众都读过我两本以上的著作,改革的实践者也多。

　　光州市是1980年爆发光州事件,市民、学生、军队激烈冲突,出现大量死伤的城市,被誉为"韩国民主化的圣地"。在演讲之前,我也参观了光州事件纪念馆,在特别的安排之下,举行了对牺牲者的安魂仪式。"学习共同体"创建的学校改革受到光州市教师的狂热支持。在这座城市里,以"学习共同体"创建为中心推进学校改革的众多教师,有的是亲身经历过光州事件斗争过来人;有的是亲戚、家族里面有牺牲者的教师;有的是为记录光州事件而呕心沥血的教师,或者有的是以光州事件为发端,致力于其后的民主化运动的参与者。

　　年轻一代人的实际感受或许并不明了,但在我的学生时代,是亚洲各国几乎全被军队掌控的法西斯国家,或是专制主义的军事国家(不仅亚洲国家,而且中南美各国大半也是军事国家)。不过,如今环视世界,只限于北朝鲜和非洲一部分国家了。在这40年间,世界面貌发生了翻天覆地的巨变。

　　亚洲地区民主主义的发展,在第二次大战后的日本也一马当先。然而,在大半的国家中,民主主义的导入与发展是持续地受到压制的。从日本殖民统治之下独立的国家却被置于军事独裁体制之下。

亚洲各国的民主化是借助两个浪潮得以推进的。第一个浪潮是1980年代的民主化，韩国的光州事件就是其引爆点的象征。同韩国一样，1980年代，中国的台湾、菲律宾、新加坡也都军事政权崩溃，成为建设民主主义社会的国家或地区，中国大陆则清算文化大革命，转向了改革开放的政策。第二个浪潮是，1990年代，由于柬埔寨的波尔波特政权崩溃、印度尼西亚的苏哈托政权崩溃，除了北朝鲜、缅甸一部分国家之外，整个亚洲一举展开了民主化运动。这样，亚洲各国的社会与文化通过这30年间的"民主主义革命"，正在旧貌换新颜。学校教育也不例外。"学习共同体"创建的学校改革，为教育的"民主主义革命"——旨在每一个人成为主人公，建设协同学习的协同社会的教育的革命，提供了愿景与哲学，迸发了可以说是爆炸性的改革的意志与热情。

第二，应对知识社会的挑战。提起亚洲各国，其特征就在于多样性。语言、历史、文化、经济、政治，具有明显的多样性。不过，亚洲地区的经济发展是比世界上任何地区更为迅猛的地区，包括发展中国家在内，从产业主义社会向后产业主义社会的过渡在急速地进行。旧态依然的学校教育的模式已经过时了，任何国家都在寻求对整个社会急剧变化的应对。作为这种改革（21世纪的学校创造）的愿景与哲学之一，"学习共同体"创建的学校改革得以广泛接纳。

三、改革的两难处境

因此，亚洲各国"学习共同体"创建的学校改革今后一定会更加如火如荼地扩展。不过，这并不意味着这种改革会一帆风顺。事实上，从印度尼西亚的案例来看，自上而下的管理方式——每年以培育4000名指导者为目的的国家政策，不能认为是成功的。

然而，改革以自下而上的展开方式，同样也是错误的。我们必须超越"自上而下或是自下而上"的二元对立的思考框架，采取"既自上而下又自下而上"这一新的思考方式来推进改革。亚洲各国如今受"教师中心还是儿童中心"这个二元对立思考方式的支配，在这个问题上，也必须创造新的共同追求"既是教师中心又是儿童中心"的方式。

进一步可以说，在东亚各国，由于曾经推进急速的现代化与产业主义化，学校教育作为出人头地的功利主义竞争教育得以普及，产生了应试竞争与考试主义的弊端。这种恶劣的学校文化的传统，并不是那么容易克服的。"学习共同体"创建的学校改革之所以得到广大教师的支持,恐怕就在于为变革"应试学力"、"竞争主义教育"、"应试教育的教学"的愿景,提出了具体的实践策略。不管怎样,亚洲各国的学校改革唯有通过同这些两难处境的斗争,才能开辟明日的教育。从别国的改革案例中可以学到许多教育的智慧。①

译注:

① 2013年11月14日—16日,笔者应邀出席日本东京学习院大学主办的东亚教育论坛。中、日、韩三国的学者分别作大会主题演讲。佐藤学教授系统地阐述了当下日本授业研究的进展及其面临的课题。笔者则以《"自上而下"的改革设计与"自下而上"的课堂创造》为题,回顾并展望中国大陆新世纪的课程改革:"如果说,过去的10年新课程改革,着力于课程改革的顶层设计与思想发动,那么,未来10年的课程改革,将会更多地仰赖于一线教师的课堂创造。"

课堂研究的国际化盛况

一、世界课堂研究学会的举办

2011 年 11 月 25 日至 28 日,"世界课堂研究学会"(World Association of Lesson)国际大会在东京大学举办。由于 3 月 11 日以后的福岛原发事故造成的放射性污染危机,一时间静观海外所有国家的支援,会议的举办本身已岌岌可危,然而仍然有来自16 个国家的 400 多名与会者聚集一堂,热心地开展研究与实践的交流。我担任大会筹备委员会的主席。今年度的大会比以往任何年度更加热心,而且友好而深入地展开了讨论。

日本的"授业研究"(Lesson study)受到世界的关注已有十二个年头了。正如克里斯廷·李(世界课堂研究学会会长新加坡国立教育研究所)在大会的主题演讲中论及世界各国的爆炸性普及那样,如今,世界各国认识到,"课堂研究"是提高儿童学习的质量、促进作为专家的教师发展的最有效方法。基于这样的趋势,大会作为"公开论坛"的特别规划,设计了"日本文脉中的授业研究",由美国的刘易斯(Catherine Lewis)(他是第一个把日本的授业研究向世界介绍的学者)、的场正美(名古屋大学)、秋田喜代美(东京大学)和我,分别报告美国导入日本的授业研究的实态、授业分析记录的方法、日本的研究论文中授业研究的特征,以及日本授业研究的历史与现在。

尽管如此,为什么授业研究能够在世界各国呈现出如此空前的盛况呢?在没有导入授业研究的国家,难以给出答案。如此的国际盛况是复杂的。

↑世界课堂研究学会的场景

其背景之一是，由于冷战结构崩溃（1989）之后的全球化的进展，在任何一个国家实现教育的"优质"（quality）与"平等"（equality）的兼得成为必须的课题，教师教育的高度化与教职的专业化迫切地成为教育改革的中心。在发达国家教师教育已在研究生层次实施，发展中国家也正在提升到研究生层次。在这种教师教育中，课堂研究无论在职前教育还是在职教育中，教师的实践性知识与能力的开发都作为最有效的方法受到关注。

其背景之二是，基于全球化的国际竞争的激化。从 PISA 和 TIMSS 的国际学力调查的影响可见，当代的教育同经济一样，处于国际竞争的漩涡之中。不管好坏与否，21世纪是一个"教育的时代"。可以发现，在世界上经济竞争最激烈的亚洲各国和各地区（新加坡、香港、韩国、印度尼西亚、马来西亚、中国大陆、越南）及北欧各国，课堂研究被活跃地导入。这些国家为了不在新时代的竞争中落伍，要求从同步教学的死记硬背与灌输教学、应试学力这样的旧教育弊端中摆脱出来，这就需要通过课堂研究追求创造性、探究性思维与协同学习的"优质"课堂的改革。基于课堂研究的新的学习创造，成为直接回应这种需求的一种有效的战略。

这种趋势，尤其在新加坡、中国、印度尼西亚、马来西亚可以看到，课堂研究与教学改革正在成为国家教育政策的核心。

二、超越种种的障碍

推进课堂研究国际化的另一个背景是,寻求民主主义的发展——儿童"学习权"的保障与教师作为专家的自律性的形成。

一方面全球化的进展促进了技术与资金的世界性支配,在各国贫富的落差扩大,学习的异化加剧、儿童的学习权与教师的专业性处于危机之中,另一方面法西斯主义与专制主义政治势力衰退,促进了冀望和平、人权、平等的民主主义势力的成长。这两种相互对立的变化在同时进行,诸多国家一方面作为国家政策,旨在经济竞争而导入课堂研究,事实上可以发现,另一方面,借助儿童的学习权的保障与寻求自律性的教师以及研究者的努力,课堂研究得以活跃地推进的实态。从全球化的角度看来,可以说,课堂研究构成了从属于经济竞争的国家政策与冀望民主主义的教师们的实践彼此斗争的竞技场。

从这个意义上说,在世界课堂研究学会的大会上讨论的推进课堂研究的无数困难与矛盾处境,是耐人寻味的。不同于拥有一百多年授业研究历史的日本,在初始导入课堂研究的国家里,横亘着无数的障碍。在以往美国的教育学会大会上,当我应会长邀请作主题报告之际,当我说到日本的教师们让自己教室里的儿童自习,自己去观摩同僚的课堂时,与会者一齐指出,这种教师自习的状态在美国是不可能出现的。确实如此,要描述在美国的教室里儿童自习的状态是困难的。这个事实表明,与课堂研究的校内研修的常态化的日本不同,初始导入课堂研究的国家,是困难重重的。

据说,在新加坡,如今 90% 的中小学把课堂研究作为校内研修导入,由于是数年前自上而下地导入的,很难说教师们充分理解了课堂研究的必要性。因此,往往把其有效性同学力测验的成绩直接挂钩。在韩国,在课堂观察中由于同僚们惯于用"评价表"来进行观察,许多教师不喜欢上公开课,即便在观察中也难以摆脱评价先行的见解。在美国等欧美国家,由于在学校内部合作的机会缺乏,几乎所有教师在学校内是孤立的,开发课堂、建构同僚性是极其困难的。

在中国大陆、韩国、中国台湾等东亚国家与地区,由于应试竞争的压力强烈,对于教师而言,难以使学生与家长形成对于"优质学习"的形象升腾,难以进行基于创造性思维、批判性思维、探究性思维的学习。无论在哪一个国家,支援中小学教师的课堂研究的大学研究者与行政指导者为数不多,甚至根本不足。当务之急是激发、促进课堂研究的合作与网络的形成。

尽管这些困难堆积如山，让我感到惊异的是，无论在哪一个国家，正以燃烧的激情，扎根于课堂研究。确实，别无他途，唯一有效的方法就是求得学校的民主化：提升每一个儿童学习的质量，推进教师作为专家的成长，确保教师的自律性。

三、寻求"真实的学习"的创造

在大会上，也召开了反映近年来国际性普及、交流"学习共同体"的学校改革经验的圆桌会议。在圆桌会议上，我提出了这些课题之中的首要课题是"真实的学习"（authentic learning）。同桌的李会长也在大会的闭幕词中强调要把"真实的学习"作为课堂研究的核心来抓。在这一点上，开幕式上的尤利亚·恩格斯托洛姆（Y. A. Engestron，赫尔辛基大学）的主题演讲是有的放矢的。恩格斯托洛姆批判了近年来学习研究陷入了"对话主义"，强调在学习中同客观"对象"（object）的关系是第一要义。

老友兼畏友的恩格斯托洛姆对"对话主义"（dialogism）的批判，是天经地义的。我感叹不已："真不愧是恩格斯托洛姆。"就日本的文脉而言，近年来几乎所有的中小学，作为课堂研究的课题都是"协同学习"。然而，遗憾的是，这些活动几乎都偏向于"讨论"，"学习"并没有形成。恩格斯托洛姆用"对象的丧失"（missing object）来表述这种事态。所谓基于"对象的丧失"的"对话主义"，是丧失了学科内涵的学习，是丧失了同教科书对话的讨论，是把"讨论"混同于"对话"的学习。在偏向于"对话主义"的背景之中，正如恩格斯托洛姆指出的，这是一种基于电脑空间支配知识的"使用价值"，凸显了知识的"交换价值"的优越性。借助知识的商品化和电脑的信息化，"对话主义"渗透了整个教育现场。可以说，援用《资本论》的商品概念的尖锐分析，是恩格斯托洛姆的真知灼见。这种尖锐的批判应当成为追求"协同学习"者们共同的知识财富。为了不至于陷入把"协同学习"混同于"对话主义"（讨论），我们必须根据学科的本质，更加精致地研究实现"真实的学习"的方略。

在大会的最后一天，计划参观神奈川县茅崎市浜之乡小学、东京大学教育学部附属中学、筑波大学附属小学。尽管这种学校参观是自由选择的，却有大约半数的200名与会者参加。这些与会者观摩日本中小学的课堂情景与课堂研究的情景，有些什么感想、学到了哪些东西呢？——我想，在来年的新加坡大会上，这个问题是一定要探讨一番的。

第 3 部

实现每一个人的"学习权"的课堂改革

变貌的课堂

——世界中的日本

一、革新性的起源

日本的课堂同欧美的课堂一样,正在进行宁静的革命。其特征可以用相互矛盾的两种性质来表征:学习改革的革新传统与保守的同步教学的后进性。由于这两种矛盾的格局——"革新性"与"后进性"——兼而有之,日本课堂的改革产生出既有别于欧美的课堂、又有别于亚洲各国的课堂改革模样。

日本课堂的革新性创始于大正自由主义教育的儿童中心主义的私立实验学校之中,在昭和初期,也在以全国的师范学校附属小学为中心的公立学校得以普及。看看本书第117页的照片。这些照片反映了大正自由主义代表性的私立学校——成城小学当时的课堂情景:实施男女生混合4人的小组学习。大正自由主义教育的小组学习并不是全都以男女生混合4人来进行的,像明石师范学校附属小学的及川平治倡导的分团式动态教学法那样,在追求效率的能力编组中,也实施以6人为标准的小组学习。

不过,就我在日本全国各地的学校造访中所见到的课堂照片的史料来看,普及于公立学校的小组学习就像在成城小学的照片所见到的那样,以男女生混合4人的方式居多。而且,我们知道,男女生混合4人的小组学习,在昭和初期已经在相当多的公立学校普及。

教室的"U字型"课桌椅的排列也是在大正自由教育中创始的,昭和初期普及于全国的中小学。究竟有多大程度的学校过渡到"U 字型"课桌椅的教室,没有确切的统计数字,但就我在全国各地造访学校之际所接触到的课堂照片的史料而言,同男女生混合 4 人小组一样,可以推测,在昭和初期已有相当数量的学校采用了"U 字型"的教室。这种课堂改革的革新性在当时国际上也是先进的。

造成这种革新性的要因,可以列述种种。不同于欧美同步教学的课堂采取教堂的方式(理念型),日本的同步教学并不采用教堂说教方式。寺子屋和藩校是以小组学习与"U"字型课桌椅排列来构成教室环境的,可以说,这种传统在以"学习"为中心的教学中是极其自然的。

新教育运动从 1910 年代至 1930 年代是国际性的学校改革运动,儿童中心、活动中心的协同学习与小组学习以欧美各国为中心在世界各国活跃地展开。不过,像日本那样,大正自由教育在一般公立学校里广泛普及。新教育模式的国家是独一无二的。

二、后进性的持续

日本课堂的革新性得以弘扬,乃是在战后新教育的时期。其标志就是"课程设计"与"单元学习"。在战后新教育迎来高潮的 1950 年,从国立教育研究所与东京大学课程调查委员会实施的全国调查的结果来看,小学、初中的教师约有八成在推进"学校独自的课程设计",展开"单元学习"的实践。可以说,这个事实是令人惊讶的。

虽说战后新教育从 1947 年至 1955 年前后的短时期里式微,但有如此众多的教师挑战新教育的国家,除了日本之外,是不存在的。当时,欧洲各国的中小学大半也没有摆脱同步教学的传统模式,美国中小学课堂也大半是在传统的场景:用螺栓固定的课桌椅单向排列,教师仅仅用黑板、粉笔和教科书,拿着教鞭上课。在日本的小学、初中中一般化的小组学习、"U"字型课桌椅的排列、儿童相互学习的教室配置,在欧美各国的一般中小学里得以普及,是 1970 年代。

不过,日本的课堂不仅仅以革新性为其特征。与此形成对照的是,在后进性上,最突出的就是高中的课堂场景。尽管高中教育的对象从精英学生改变为所有的适龄儿童,学校周边的社会与文化也发生了如此的变化,但直至今日,一百多年过去了,高中的课堂场景没有丝毫的变化。如今像日本高中那样的同步教学的场景,只能在非洲各国、东南亚各国和伊斯兰教国家等发展中国家见到了。可以说,日本高中课堂场景的变化是微乎其微的。这种后进性也是日本课堂的特征之一。

　　日本课堂的后进性不仅是高中，而且在小学与初中也可以看到。例如，小学低年级阅读教学中的"齐读"就是一个典型；初中课堂的多数仍然维持着同步教学的模式；无论小学还是初中仍然受基于应试的评价所支配。可以说，所有这些都是日本课堂后进性的明证。如前所述，教师使用黑板、以教科书为中心进行讲解、提问、点名、组织儿童应答的同步教学方式，在发展中国家以外的国家，已经进入历史博物馆了。这样看来，日本的课堂既有耀眼的革新性一面，也有受同步教学这一后进性束缚的一面，这就是现状。

三、革新的潜流

　　可以指出日本学校教育的另一个革新传统，那就是教师的非正式的专家文化的传统。这种传统表现在：推进基于课堂研究的专业性开发的校内研修，与教师在书报杂志上发表文章、著书立说。

　　在海外旅游之际，试看欧美各国书店的教育类书架，教育书籍的大半是教育学者与教育评论家的著作，教师执笔的书籍和杂志文章是见不到的。相反，在日本，教育杂志与书籍的半数以上，大都是一线教师执笔的。以教育杂志、教育书籍这些出版媒体为媒介，形成了教师的专家文化。

↑成城小学(大正期)的课堂场景

基于课堂研究的专家文化的传统是显而易见的。校内同僚之间相互观摩课堂,通过课堂点评,相互切磋,共同形成作为专家的技能——这样一种课堂研究的模式是从明治时代开始实施的。在大正自由教育与战后新教育中被改造成为教学改革的最有效的方式,在今日的中小学几乎每年有三次以上的基于公开课的校内研修。

近年来,校内研修中的课堂研究称为"授业研究",进入了世界各国的学校改革与教师教育改革之中。在欧美各国的中小学里,借以提升教师专业性的相互观摩课堂实践的案例研究举措,尽管自 1910 年以来在推进新教育的部分实验学校中得以实施,但在一般的学校里并没有实现。

这种转机的产生是在 20 世纪八十年代以降。欧美各国推进教师专业化的研究与实践,并且成为教育改革的中心。同医生与律师的专家教育的中心在于案例研究(临床研究与判例研究)一样,教师的专业教育的中心也在于案例研究(课例研究)。作为这种先进举措的日本"授业研究",引发了世界同行的热切关注。

但是,校内研修的"授业研究"这一革新传统,如今也正在表现为日本学校的后进性。从国际学力测验与 TIMSS 最近的调查结果看来,过去日本的传家技艺——"授业研究",如今在欧美各国和亚洲各国远比日本更为热烈地传扬。小学"授业研究"一年的开办数在国际上处于上位,但初中"授业研究"的开办数在国际上处于平均水准以下。这个调查没有以高中为对象,日本的高中在校内研修中进行授业研究的学校是极少的。可以断定,高中的"授业研究"的开办数在国际上处于最底层。

实际上,就我以往的海外学校造访与观察的经验而言,在欧美各国,初中比小学、高中比初中,更加热心于课堂改革。无论是小组协同学习还是项目型课程,在初中和高中远比在小学更加热情地积极实施。

即便是"授业研究",日本的学校与教师表现出来的兼具革新性与后进性的特征是值得玩味的。本章叙述的日本课堂兼具革新性与后进性的特征,在课堂的场景中也可以发现若干。"U"字型的教室课桌椅的排列,或许可以说是一个好的特征,"U"字型课堂这一日本人习以为常的课堂在欧美的中小学里也并不常见。在欧美的中小学里,其课堂讨论的教室配置,不管怎么说,都是出于需要讨论的场合产生的,在教室的前方围坐在一起的,一般并不采取"U"字型的课桌椅排列。

我的评价是,"U"字型课堂乃是在 40 名儿童的班级里寻求协同学习课堂的日本教师的创意性发明。同兼具革新性与后进性的教育现实的格斗,为日本的教师从课堂的现在走向未来,准备了道路。

无言的儿童、无言的学校与教师

一、现实的解体

儿童的贫困率15.7％这一冲击性的新闻报道是在数年前。这是经济合作与发展组织（OECD）在2005年实施的调查结果，日本在相对贫困率的高度上同美国不相上下，在加盟OECD的39个国家中位居第五位。全球化使得日本这样发达国家的内部产生了"第三世界"，尤其是城市地区的贫困率之高。大阪府"要保护"与"准要保护"的儿童的比例超过了30％，东京都接近30％。这也同贫困问题突出的纽约一样，难兄难弟。日本贫困的一个特征在于"隐蔽性"(invisible)。在欧美国家的场合，造访学校、观摩课堂之际，哪些儿童贫困、哪些儿童富裕是一目了然的。但在日本是难以识别的，日本儿童的贫困即便在外表上也是隐蔽的。

众所周知，过去日本是贫富落差极小的国家之一。但是，如今却成为世界上有数的贫困率最高的国家。而且，加上日本的阶级差异与性别差异，使得世代之间的落差与地区之间的落差巨大。同贫困率并行的是离婚率。过去，日本同意大利并列，是世界上离婚率最低的国家之一。但是，如今的日本同法国与德国并肩，成为世界上离婚率最高的国家之一。而且，今日的离婚是在拥有学龄期儿童的夫妇之间发生的。而在离婚了的母子家庭中，母亲的平均年收入是同龄女性平均年收入的三分之一。

这些社会结构的急剧变化导致了儿童文化的、社会的、经济的环境恶化。究竟谁来担负起关照儿童的责任呢？如何来保障每一个儿童的"学习权"呢？这个严峻的问题是任何一所学校、任何一名教师都回避不了的。

在执笔撰写本书之际，一个目的就是：直面社区的社会、经济、文化的急剧变貌所带来的日益严峻的儿童危机，实际地描绘出学校与教师是如何应对它的。然而，这是不可能实现的。不管怎样具体的现实，都是同儿童的隐私、价值的隐私、教师的隐私、学校的隐私相抵触的。有关隐私的任何公开描述都是不可能的。日本对于个人信息的保护比外国要求严酷得多。无论如何，只能通过对儿童、家长、教师的一些特定的描述来表述。尽管如此，应对儿童危机是任何一所学校直面的中心课题之一。在本章中，我把所见所闻的一部分事实，以不指名的学校与地区的方式来描述儿童危机的实态与学校的应对。从某种角度说，是匿名的"学校见闻录"。

二、儿童的不幸遭遇与学校事件

这是某初中一堂美术课《自画像》观摩中的事件。教室的一角两名男生在将近下课的时候，停下写作业，说着悄悄话。突然间，当中的一名男生把调色板往课桌上一甩，奔出了教室。另一名男生随后也追出了教室。我担心地追了出去，但在出口附近学生们对我小声地说："没事的。"飞奔出教室的两名男生赶到厕所里，而后从厕所里传出呻吟般的两人哭泣的声音。数分钟之后，两人从厕所出来，返回教室，拿起画笔，又开始描绘自画像了。这一天，两人下课之后留下来完成了自画像。

↑儿童的贫困在日本的课堂里是看不到的

两名学生中的一个从小学的时候就一直受到母亲的虐待,背上留有大大小小的伤痕。以臂力与暴力吓得其他同学胆战心惊的这个学生,其身心受到的创伤是深重的。对于他而言,"自画像"是天大的严峻课题。跟他同时奔出教室的学生也受到深重的心灵创伤。他的父母亲在他幼小的时候就离婚了,由祖母领养的他在祖母过世之后,改投亲戚门下,曾四度更换了养父母。

在这所初中,同他们有着同样不幸遭遇的学生,每一个班级里都有5名左右。"要保护"和"准要保护"的学生在全校学生中比例达七成。据说,过去动乱的该校,有一段时期连校舍的玻璃窗也镶上了铁格子。由于窗玻璃经常被打坏,曾一度讨论过把所有窗玻璃改换成塑料板。这所学校通过推进学习与关爱的共同体、推进协同学习,如今发生了天翻地覆的变化:每一个学生都积极地投入学习了。

那两个学生也受到"没事的"温情脉脉地守护着他们的班级同学的支援,日日夜夜地持续学习,同时也受到视如己出、保障他们"学习权"的教师的关爱。希望总是同明天联系在一起的。

我从这些不幸的儿童们的身上感悟到的最大一点是,任何一个儿童只要坚守学习,就绝不会崩溃。只要坚守学习,即便家庭崩溃了,朋友崩溃了,儿童也绝不会崩溃。反之,对学习绝望的儿童、辍学的儿童,碰到哪怕是微不足道的事情,也会轻而易举地崩溃殆尽。这个事实告诉我们,学习是儿童人权的核心;学习也是儿童的希望所在。

造访某地一所小学时候的事情。一名从大城市转学而来的4年级女生跑到了校长先生跟前。她是在父母亲离婚之后,母亲把她带到老家来的,自4月转学以来,将近半年了,一直闭口不语,好不容易开始跟校长和班主任老师交谈了。这个女孩看见校长跟她交谈的样子,泪流不止。她的牙齿全都脱落了,是长时期心理焦躁、精神劳累、紧张过度的结果。

另一所小学的母子家庭的6年级女生,在一个星期天,她的脚骨折了。母亲由于贫困,连国民健康保险也没有加入。无法看医生,摇摇晃晃地走着来上学了。仅仅在学校的保健室里敷上药布了事,别的任何治疗都没有。

班主任同教育委员会商洽,也劝家长尽早去治疗,到处奔走却都无济于事。这个女孩的脚最终仍然没有得到矫正。不堪忍受这些地区的贫困、学校的荒废、教育的荒废的教师,在经过一番焦躁与过劳之后,一个个都退职了。这种事实在现代的学校里,并非罕见。

在造访又一所小学之际,小学4年级一个老实巴交的女孩每周有三天请假。这个女孩的父母亲,半年前离婚,她被父亲挽留,幼小的妹妹与弟弟则留在母亲跟前。然而,这个母亲不做一切家务,终日游荡。因此,她不仅每天要在父亲家用餐之后洗洗漱漱,而且每天要去母亲家为弟弟妹妹做饭菜,承担起所有的家务。这个事例表明,不幸的儿童的身旁,有着比儿童还不成熟的双亲。在这方面,学校方面完全是无能为力的。

在某高中,推进"学习共同体"创建的学校改革以来,尽管校内的问题行为绝迹了,可是,一个父亲打来一通愤怒的电话,说:"儿子每个月从钱包里偷走数万日元。盘问下来,是同班的4名女生从儿子那儿骗去的。"这个倔强的男孩没有理由被女孩骗取金钱,在班级里也没有引发这种问题行为的4名女孩。经调查,原来是4名女孩都是贫困家庭的孩子,而且母亲不做家务、不带孩子,连自己、弟弟、妹妹的饭钱也无法张罗,看到她们如此可怜,这个男孩每个月从父亲的钱包里偷出金钱来帮助她们。这是一个令人啼笑皆非的故事。不管怎样,钱包被儿子偷窃的父亲,怒气冲天、怒火难消,事态的终结是极其棘手的。

家庭的崩溃、双亲的虐待与贫困造成的儿童的悲剧,无论是在哪一所学校里都难以预料,甚至频频发生。在我的见闻中最为悲惨的事件是学生自杀未遂。由于学校方面对于事件保持缄默,学校在"掩盖真相",自然会遭到家长的非难与新闻记者的声讨。可是,事实上,学校并不是在"掩盖真相",而是"什么也不能说"。这个学生受欺凌之苦是事实,然而这个学生自杀未遂的主要原因还有别的因素。这个学生,每隔数年换一个母亲,而且受到来自父母双方的性虐待,这种苦衷在自杀未遂的数日之前写下了"想自杀"的信传给了老师。这种性虐待,由于是过分冲击性的内容,学校方面苦苦思索之后,这个事件以绝密咨询来应对了结。在这种场合,无论校长还是教师,考虑到自杀未遂的学生的苦衷,即便对过激地攻击学校的双亲,或是对非难学校"掩盖真相"的媒体,唯一的策略只能是保持缄默。这个案例表明,学校与教师直面的儿童不幸的现实,几乎都是"对校外不能公开明说的事实"。在这方面,学校之外的人们,特别是媒体记者们,必须借助想象力,纤细而敏感地加以对待。

访问的学校越多,感悟越多,就越是觉得,今日儿童不幸的现实在若干权力的伪装之下被隐蔽了,不能不忧虑被学校与教师掩盖了的那些事态。教育是从全盘承担儿童的现实出发的。全盘承担儿童现实的学校与教师的存在,正是生存于不幸遭遇之中的儿童的希望,是日本教育未来的希望。

寻求学习与授业的卓越性

一、在学力竞争之中

PISA2009 的结果是上海第一,接着是新加坡、芬兰、香港、日本、韩国、台湾、新西兰、加拿大、澳大利亚,形成高水准集团。从我自身以往的见闻与调查来看,这是意料之中的结果。上海、新加坡、香港、芬兰等这些国家与地区是在世界上率先转向"知识社会的教育"的国家与地区,可以说,其成果是同这种改革追求相关的。尤其是上海的学力,不仅平均得分高,而且低学力层只有 1%(数学,日本是 15%),令人刮目相看。上海的课程内容的难度同芬兰一样高。这两个国家(地区)低学力层显著地少。这是令人玩味的。一般而言,教学内容难度越深,低学力层越增加,难度下降,低学力层减少。但现实是恰恰相反,这是值得留意研究的。

日本的学力水准位居高层。但是存在若干悬念。经济合作与发展组织(OECD)通过 PISA 调查,倡导"优质与平等的兼得"。但日本教育的"优质"与"平等"都处于危机之中。教育"优质"的决定性因素是教师。在发达国家实现研究生水准的教师教育的浪潮中,日本的教师教育与在职研修的水准则相当于发展中国家,处于低水准,况且近年来非专职与临时聘用的教师急剧增加。"平等"的危机也深刻。日本儿童的学力显著地从中位层跌入下位层。根据这次调查结果,日本同菲律宾并列,社会经济背景是对学力的影响最少的国家。数据显示,尽管贫困层急剧增加,通过学校拼命的努力,"平等"才好不容易地维持下来,但已经接近临界点了。

在 PISA2009 的调查结果公布之后不久,参加了筑波市并木小学的公开研讨会。该校地处筑波学园都市的一角,是一个研究所与大学集中、公务员宿舍密集的地区。儿童数 448 名中有半数家长是在大学与研究所工作的,外国人与混血儿的儿童达一成的比例。从家长学历的高度可以推测,该校儿童的学力应当是高的。五年前,自从根本光子的领导团队推进"学习共同体"的学校创建以来,该校的学力水准跃进到全国最高水准。这种改革是不容易的。在研究所、大学上班的许多家长是按照三年或是五年的任期制就职的,在激烈的竞争中只有一部分家长能够获得大学、研究所的稳定岗位。况且,公务员宿舍的住宅区除了同学童保育有关的联系之外,人与人之间是老死不相往来的。因此,有不少情绪焦虑的儿童、日语能力不足的儿童、需要特别帮助的儿童。直到数年前,家长对学校牢骚满腹,无论儿童之间的协同学习还是家长与教师的联络,都极其困难。如今,这所学校终于形成了无微不至的协同学习的共同体,实现了追求卓越性的"优质"学习。

二、卓越性的追求

这一天观摩了所有的课堂,我确信,所有课堂的学习在"质"上都优越于别的学校。1、2 年级的课堂洋溢着安心地协同学习的温馨氛围,通过全体的协同学习与结对学习,展开了体现低年级的过细教学。在中年级与高年级,基于小组的协同学习在教学的各个环节得以适当地导入。在所有的课堂里,后半段都组织了"冲刺性课题"的挑战,实现了人人醉心于思考、探究的协同学习。在所有的课堂里,佩戴着"记录员"的家长拿着录像机在教学课堂录像。总之,每一个课堂和谐温馨,知性活动生动活泼。在我看来,"冲刺性课题"可在更高的水准上加以设定。尽管如此,该校儿童的学习已经在高于别的学校的水准上展开了。

卓越性的追求从两节公开课中明晰地表现出来。一节是平沼保子先生执教的 5 年级"规矩繁多的餐馆"①的课,另一节是三志奈仁美先生执教的 6 年级的"图形"课。这里介绍一下三志奈仁美先生的公开课。

这节课首先给人一个惊异:连接梯形对边的中点(图 1),把被分割的四个四角形分别使之半翻转,即可形成平行四边形。为什么会变成平行四边形的呢? 儿童们在各自的小组里各自操作图形,借以探寻答案。连接对边的中心线,交叉而成的四个角,通过各自的四角形的半翻转,确认移动了四角形外侧的四个角。由于两个对角相等,所

↑"冲刺性学习"的课堂场景

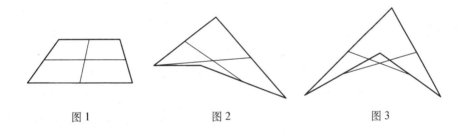

图1   图2   图3

以对等角也相等,于是可以证明构成了平行四边形。

在此基础上,通过小组探究求解如下的课题:正方形、长方形、菱形、风筝形四角形、不规则四角形,一般都可以同样连接对边的中心而分割的四个四角形,分别使之半旋转,会变成怎样的图形。在课堂里,充满着"哦"、"哦"的发现与感动的赞叹声,儿童们用剪成各种各样的图形进行操作,确认不管怎样,都可以构成平行四边形,每一个人都表现出兴致勃勃的学习面貌。

终于进入"冲刺性课题"的挑战了。三志奈先生提示飞镖形的四角形,问道:"这也是四角形。这个飞镖形的四角形,也可以连接对边的中心而分割的四个四角形,分别使之半旋转,形成平行四边形么?"

这是相当高难度的问题。飞镖形的四角形也有两种。连接对边的中心线在四角形的内侧相交的四角形(图2)和在四角形的外侧相交的四角形(图3)。在这两种飞镖形的四角形中,通过被分割的图形的半旋转,能够形成平行四边形的,只有连接中点的线在四角形的内侧相交的场合(图2)。

通过小组的协同学习,几乎所有的儿童都确认了能够形成平行四边形的飞镖形的四角形,不过,不能形成平行四边形的飞镖形的四角形的证明,由于时间不够,没有完成。但是,这也称得上是名副其实的"冲刺性课题"的学习了。

三、课堂研究的展望

执教公开课的三志奈先生是在六年前作为新任教师赴任的年轻教师。最年轻的三志奈先生代表该校的卓越性追求,在实践中从一个侧面显示了并木小学的出色。我以前根据根本校长的介绍,观看过三志奈先生三年前与两年前的课堂录像。比较下来,感觉他上的公开课格外洗练。儿童们醉心于数学活动,展开合作探究的面貌是第一流的。

这堂课的出色在于学习的设计。三志奈先生把这节课置于"图形学习的总决战"之上。在这堂课上,要求活用小学里学习过的所有几何的基本概念。这种设计是令人佩服的。同时,这堂课的出色还在于基于"数学活动"的"冲刺"。在如此高难度的"冲刺"之中,学力的落差几乎被消弭殆尽。事实上,不擅长数学的香织(匿名,下同)同学比谁都更加跃跃欲试地投入学习;就连在小组活动中最擅长数学的和也同学几次询问讨厌数学的美智子:"这样可以吧?"而最先发现飞镖形四角形秘密的美加子同学与敏郎同学,也都是数学成绩不佳的学生。在这样一种充满活力的学习的变化中,隐含着追求"冲刺性课题"的协同学习的乐趣。

并木小学的"学习共同体"的学校改革,并不是在学力测验中达到了全国最高水准的优异性。该校的出色乃在于领先全国开拓了"21世纪型的教与学",并且在日常的教学实践中体现了这种挑战。该校的课堂教学正在实现根本的转型:从旨在整体的协同学习、导入小组的协同学习的阶段,转向旨在小组的协同学习、组织整体的协同学习的阶段。这种转型,是借助协同学习关系的深化与高水准的"冲刺性课题"学习得以实现的学习的设计达成的。该校的课堂研究显示了这种革新实践的前景。

译注:

① 《规矩繁多的餐馆》系日本儿童文学巨匠宫泽贤治(1896—1933)的代表作之一。这是一篇

风格诡异、寓意深刻的童话。

故事梗概:一对都市猎人在山中偶遇的一起灵异事件,讽刺社会上所谓的文明阶级醉生梦死的消遣,竟然是以剥夺动物的生命为乐。故事开头描述说:"两个年轻的绅士,俨然是一副英国士兵的装扮,肩上扛着锃亮锃亮的步枪,牵着两条像白熊一样的大狗,沙沙地踏着深山里的落叶,一边走,一边这样聊着:'这一带的山可真够呛,连一只鸟、一头兽都没有。管它是什么东西呢,真想快点儿砰砰地放它几枪过过瘾。'"说着说着,在荒郊野地里无意间碰到了一家声明"本轩是家规矩繁多的餐馆,敬请各位多多包涵"的西餐馆。他们在西餐馆里遭遇到一系列要求顾客做到的怪异恐怖的规矩,被折磨得死去活来:"我想,这家所谓的餐馆,不是让人来吃西餐,而是把来的人做成西餐吃掉,就是这么回事。""两个绅士吓得魂不附体,脸简直像是被揉皱了的废纸,两个人你看着我,我看着你,浑身发抖,都哭不出声来了。"

这篇童话体现了作者的生态中心主义的自然观。宫泽贤治主张,宇宙间的鸟兽虫鱼、树木花草、山川、人类,都是宇宙大生命体的一员,拥有永恒的生命。宇宙的一切生命应相互依存、和平共处、文明开化与自然保护应相辅相成。

追求学习品质的学校

一、学校改革的深化

现代教育改革的要旨在于"优质"（quality）与"平等"（equality）的兼得。很多学校不追求"优质"而追求"平等"；也有很多学校不追求"平等"而追求"优质"。然而，实现"优质与平等兼得"的学校是罕见的。实现每一个儿童的"学习权"，保障每一个儿童挑战优质的学习，绝非轻而易举。但是，倘若不是举全校之力去实现"优质与平等的兼得"，就不能说现代的学校担当了公共使命、发挥了公共责任。作为"学习共同体"的学校创建，就是承担起学习的"优质与平等的兼得"的学校的使命与责任的挑战。

这种挑战决不是单靠校长能够实现的，也不是单靠校长与教师能够实现的。只能是基于信赖儿童（学生）、平等对待儿童（学生）的立场，通过同他们的合作实践，才能实现。没有家庭、市民和行政的支援也是不可能实现的。"学习共同体"的学校改革，是一种全局性的研究，是一种引领这种改革得以实现的愿景与哲学。

2011 年 1 月 13 日造访的广岛市祗园中学的公开研讨会、翌日 1 月 14 日广岛市安西高中的公开研讨会，为这种思考提供了崭新的诠释。这两所学校都是同样，揭橥"优质与平等的兼得"，持续地取得了学校改革的成功。这里，以安西高中的现状为中心，描述一下学校改革的内部风景。

在安西高中，导入"学习共同体"创建的前任校长才木裕久把改革称为"进化"（"安西高中进化论")。现任的奥山雅大校长表述为"深化"。从"进化"到"深化"——这种表达清晰地呈现了该校改革的现状。

安西高中一直在推进可以称之为"奇迹"的改革。过去,该校曾经是"动乱的学校"。中途辍学者近半数。从"清扫指导"开始整顿这所学校的是前任校长的前任,紧接着四年前开始"学习共同体"创建的是才木校长,追求"深化"改革是奥山校长。

改革的成果是戏剧性的。过去每年有将近 90 名的中途辍学生,2010 年度激减到 12 名,2011 年度激减到 9 名(2 月份),学力也提升了。考入四年制本科大学的从 15 名增加到 80 名。造访那天是中心入学考试的前日,五年前应试者是 2 名,今年则有 15 名。而且,就业最困难的今年度(2011),在就业希望者 36 名中有 34 名已被内定录用,考虑到剩下的 2 名学生原本是希望参加高考的,可以说是全员就业。然而五年前,升学率是县里高中最低的,撤校的危机也一度传言。但在 2009 年度,升学率一跃成为县立高中的首位,比平均升学率高出 1.7 倍。一个学年的班级数也从 6 班增加到 7 班。不管从哪一个数据看,都是令人惊异的,确实是"奇迹"般的成功。

二、提升学习的品质

不过,改革的成果与其说是这些数据,不如说在于课堂中学生学习的面貌。自 6 月造访之后,我确信的一点是,在所有的课堂里,所有的学生都参与了基于协同学习的课堂教学。在该校,"U"字型的课桌椅排列与小组协同学习已经定型,保障了每一个学生的学习。特别是 2、3 年级学生的协同学习是非常出色的。

面对学生们生动活泼的协同学习的面貌,我再一次自问道:"为什么是学习共同体呢?"在学校改革中,"学习共同体"之所以发挥了如此的神效,就是因为唯有在学校与课堂里建构"学习共同体",才是克服学生与教师的教学异化的方略。而今,一般中小学存在的核心问题就在于学习的异化。

不过,安西高中的课堂改革并不是没有问题。其一,正如在 1、2 年级的课堂里见到的,从不同的教师身上,可以看到学生的学习存在着巨大的落差。直率地说,凡是积极地组织协同学习的教师,其学生是生龙活虎地参与的;凡是消极地应付协同学习的教师,其学生是马马虎虎地参与的。班级之间的这种差异之大,简直不可想象。我把这种状况的克服,作为"学习共同体"创建的第二阶段的课题来设定。倘若学校的每一个教师难以胜任优质学生的培育工作,就不可能创建足以保障每一个学生优质学习的学校。这种改革的要旨有两个：其一是提升学习课题的水准，在课堂中组织"冲刺性学习"；其二是在教学的反思与点评中，基于学科的本质，研究"学习的设计"。

↑公开课的场景

最近我的一点新认识是，"冲刺性课题"水准的高度是与学生协同学习关系的成熟度相关的。就是说，在学生的协同学习关系不成熟的阶段，"冲刺性课题"水准即便不那么高，学生也能够积极地参与。但在学生的协同学习关系达到成熟的阶段，倘若不设定高水准的"冲刺性课题"，学生的学习就会无所适从。安西高中的课堂改革已经闯入深水区。

"学习设计"研究对于从事课堂改革的教师而言是共同的课题。以协同学习为中心的课堂研究，同以往同步教学的课堂研究是全然不同的。没有这种转型，要实现揭櫫"优质与平等的兼得"的"21世纪型的教学"是不可能的。

新型的课堂研究是通过"学习设计"及其"反应"来实现的。任何学校概莫能外。在安西高中，课堂研究也是以学生学习的"反应"为中心来推进的。今后，要求秉持这一基本精神，推进"学习设计"的研究。为了保障每一个学生的优质学习，基于学科的本质研究"学习设计"是不可或缺的。

三、永续的革命

下午,是玉米雅已先生的 1 年级 5 班《国语综合》的"事物的见解"的公开教学与教学研讨。这堂课是作为导入"红面颊的动物"而设计的。整个教学通过三个课题来组织,分别借助小组协同学习来完成。第一个课题是,介绍草野心平[①]、三好达治[②]、まどみちお[③]、寺山修司[④]的短诗,着眼于比喻表达的类推,改变"视点",借以体验所发现的"事物的见解"。第二个课题是,表达种种动物特征的课题。第三个课题是阅读"红面颊的动物"这一篇课文的开头引用的尼采(F. W. Nietzsche, 1844—1900)的话与末尾引用的马克·杜温(Mark Twain, 1836—1910)的话,围绕界定"耻辱"是人类的本质的这两段话的"微妙的差异",交流意见。

玉米雅已先生之所以选择 1 年级来进行公开教学,是由于 1 年级学生从总体上来说心智幼稚,对协同学习的参与尚处于薄弱的状态。不过,在这堂公开课中,学生们兴致勃勃地参与学习,整个上午我一直在反思我所抱有的焦虑。确实,学生们是可能性的多面体,通过教学表现出了别样的面貌。

导致学生兴致勃勃地展开协同学习活动的,究竟是什么呢?研讨会以这个问题为焦点展开了讨论。有充分时间保障的三次小组协同学习、玉米雅已先生凝练的课堂话语与洗练的动作、玉米雅已先生链接同学的适当的角色等等,玉米雅已先生出色的教学技巧,通过同僚教师的点评一一显现出来。与此同时,我对玉米雅已先生与同学之间的信赖,感触尤深。学生对于玉米雅已先生上课的期待与信赖,以及玉米雅已先生对于学生的期待,都是牢不可破的,这种牢固的纽带赋予他的教与学生的学之间以一种安定感。兴致勃勃的学习活动与学生充满幽默、机智的发言,就是这种安定感的最好表征。在这堂课中体现的愿景,是安西高中课堂改革"深化"的方向,也是今后"永续的革命"的指针。

在公开研讨会上,有来自全国各地的高中、大学、教育委员会的人员参与,也有来自海外的"韩国学习共同体研究会"的 50 名教师,以及台北市立大学的 3 名教授。"韩国学习共同体研究会"的理事长孙于正先生,向与会者报告了韩国正在推进"学习共同体"的学校创建的动向,指出了这种改革的背景是,儿童逃学的严峻事态与教师在混乱的改革中迷失愿景的疲惫实态。在蔓延着"谁也不听的课"的韩国高中,安西高中的课堂改革是一束"希望之光",台湾的教授也发言道:我们从"课堂改革的精彩"与"协同学习的教师"的面貌中,感受到极大的"感动"与"冲击",给该校的教师送去了激励的声援。安西高中的挑战也促进了超越国境的改革。

译注:

① 草野心平(1903—1988)日本现代诗人,诗歌代表作《体操诗集》、《亡羊记》。
② 三好达治(1900—1964)日本现代诗人,发表大量诗文、评论、译著,编辑、注释《日本现代诗大系》、《现代日本诗人全集》等多种诗集与全集。
③ まどみちお(1909—　),原名石田道雄,日本诗人,著有《大象》、《山羊邮件》等胸襟开阔而又富于幽默的童谣。
④ 寺山修司(1935—1983)日本现代诗人、评论家、电影导演,前卫戏剧的代表人物,戏剧代表作有《草迷宫》、《狂人教育》等。

纪南的学校改革潮流

一、从纪伊半岛的一端出发

五年前(2007)造访三重县熊野市时的一次惊异，久久难忘。那是在三重大学工作以来相隔二十五年的造访。从车站到木本中学的商店鳞次栉比的风景，包括邮筒、电线杆，同二十五年前一模一样，没有丝毫的变化。与其说是难以忘怀，不如说是一种冲击。在如此的地区一旦被边缘化，经济的衰退是显著的。纪南地区曾经是林业兴旺、渔业充满活力的地方。然而，据说今日居民的平均年收入只占县北部的一半以下，人口比不到2％的教师缴纳的所得税却占了市财政的16％。

造访熊野市还有一个深刻的印象是，尽管时常会去全国各地的学校造访，但不管去哪一所学校，教师从自家出发，一般五个小时以内就可以抵达，但纪南学校的教师需要花费八个小时以上。在四年前第二次造访的时候，在尾鹫市与熊野市之间的隧道里碰上列车同鹿相撞的事件，到下午一点钟才抵达宾馆。这个地区，就花费的时间而言，简直比去上海、北京还遥远。

新野市的木本中学是在五年前启动"学习共同体"的学校改革的。当时的校长松田博行先生开始了改革，后任的出冈隆校长继续这场改革。我在五年前和四年前曾经造访过该校，这次(2011年1月28日)的造访是第三次。第一次的造访对学校的实态感到莫名惊诧。惊诧有两点：一是学生无精打采，二是学生学力低下。这两点是同整个地区的经济文化活力的衰退息息相关的。所有这些，令人感到其改革的难度比任何别的学校都要高。坦率地说，我暗暗地做好了"需要花十年时间来改革"的精神准备。倘若有唯一的希望的话，那就是以松田校长为首的众多教师迎接我时所流露出来的那种披荆斩棘的一腔热情。在近郊的教师中间，有几位我在三重大学执教时的毕业生，一个个都是朴素、正直的学生。我想无论如何也得满足他们的期待。

翌年的第二次造访，我感受到的依然是一种悲凉的印象。不过，田冈校长上任之后，改革更加雷厉风行。在所有的课堂里都出现了每一个人参与学习的状况。教师也习惯于"U"字型的课桌椅排列、展开 4 人小组的协同学习的教学模式，也在探索着高水准的课题、积极地导入"冲刺性学习"。其结果是，辍学的学生急剧减少，问题行为几乎绝迹。曾经是县里最低水准的学力，在导入"学习共同体"的第三个年头，学力水准急剧上升，已经超过了县的平均水准与全国的平均水准。但不管怎样，至少尚需五年的时间才能如愿以偿。出乎我的意料之外，仅仅用了三年，就取得了飞跃性的成功。

然而，木本中学的改革其最大的成果不仅仅在于学力的飞跃提升，更重要的还在于学生的自信与学习的精彩上。与此同时，同样应视为成果的是，在教师中间培育起来的希望，以及教师们共同拥有的一腔改革的意志。这就是这次的造访给我的教育。

二、改革的浪涛

木本中学的戏剧性改革，通过活生生的改革事实，不仅为熊野市，也为尾鹫市、纪宝町、新宫市（和歌山）的教师们提供了强有力的改革愿景，给予了这些周边市町的教师们和教育委员会的行政人员以改革的希望。我一直痛感到，通过一所学校的新生，可以改变整个地区的所有学校。改革的事实所拥有的影响力是无穷的。这个地区也是同样，教师们纷纷造访木本中学，为该校每一个学生真挚地学习的风貌所感动，为该校的教师建构同僚性、从事合作研修的风貌所感动。这种精神力量，正是改革新的出发点。星星之火，可以燎原，可以在转瞬之间红遍纪南全城。

来木本中学的前日，造访了南牟娄郡纪宝町的井田小学。它是三重县最南端的町，一个同和歌山县的新宫市相邻的小町。不过，却有着不像是小町的豪华的校舍。武村俊志校长说："校舍的漂亮体现了町上人们的愿望。"武村先生嗜酒如命，快人快语地说："连驾驶证都被吊销了"，只好让妻子当司机。武村校长年轻时热衷于民间研究团体的科学教育协议会的教学研究。这方面的经验，支撑着他今日作为校长倡导的课堂改革，激活了他把教师作为专家来培育的活动。一天，我同武村校长一道，跟他的豪饮形成鲜明的对照,发现他对每一个教师的无微不至的关怀与观察课堂的过细眼光是一流的。说起来,纪南地区在 1950 年代至 1960 年代,还是民间教育运动兴盛的地区。这种传统,从根本上支撑着学校改革与教学创造。

↑井田小学的儿童与武村校长

　　井田小学是一所儿童数为 131 名的小型学校。在校园旁边有一块沙地,每年帮助海龟的孵化。据说,这种海龟会相互传递孵化的振动,一齐来孵化,将近 100 匹的小海龟齐心协力,从沉重的沙粒中爬上来。在降生的同时倘若没有共生的智慧,就不可能生存。一进入教室,儿童们也像"海龟"那样,同心协力,协同学习。

　　协同学习姿态的儿童是可爱的,学力的低下是严峻的。这个地区的学力低下也是历史性的问题。过去在三重大学执教时,我从事过"三重县教育史"的调查与执笔。自明治以来,纪南地区的学力就一直是低下的。

　　不过,在井田小学的教室里,我看到了学力恢复的希望。例如,在 3 年级学生的教室里,23 名儿童在 5 个小组里协同学习,计算"32×16"的题目,居然出现了 20 个答案。得出正确答案的只有 4 人,令人震惊。但无论哪一个儿童都能潇洒自如地申述己见,毫不吞吞吐吐、萎靡不振。不久,得出错误答案的儿童一个个承认"不懂",即便在此时,对于不懂之处,也决不含糊其辞或是做出妥协。这种诚实性与相互信赖感正是一种希望。可以预见,在数年之后,井田小学的学力也一定会飞跃地提升。

井田小学的公开研讨会,有来自近邻的大约 50 名教师参加,这是一场以 5 年级的山本裕代先生的公开课为中心,细致地考察儿童的学习的研讨会。在研讨会上,先是纪宝町的长村教委主任阐述了教育委员会的"学习共同体"政策,表明行政方面对于学校改革的支持以勉励教师。透过研讨会,武村校长基于教学的事实的细致观察,对于教师的建言与交织着幽默的激励,也是一流的。在拥有优秀校长的学校里,女性教师能够轻松愉快地工作,井田学校就是这么一所学校。

三、未来的展望

今年(2012)也是在木本中学,以尾鹫市、熊野市、新宫市、纪宝町为中心,100 名以上的初中教师聚会一堂,学习该校的课堂改革与学校建设。这里也要感谢杉松教委主任、西垣户先生等熊野市教育委员会的指导干事的支援。西垣户先生说:"每一个教师通过协同学习,锤炼了自身的教学风格,这是非常好的。"对于当今木本中学取得的成就,再没有别的话能够如此准确地表达的了。

不过,木本中学的改革并不是一帆风顺的。你可以看到 1 年级学生、3 年级学生精彩的协同学习,但 2 年级学生的学力低下是一个问题。这个年级曾经是小学里反复无常、班级崩溃的年级。听说发生过一个家长由于对学校的不信与愤怒,拿着猎枪冲进校长室大声责骂的事件。学生们的心理创伤通过 2 年的初中生活已经痊愈了,但低学力问题的解决尚需一点时间。

在这里,值得庆幸的是,正直的教师们应对每一个脆弱的学生的姿态:是一边拼命地守护容易受伤的脆弱的信赖关系,一边鼓励协同学习的真挚的学生们的姿态。面对动荡不安的脆弱的学生,教师需要诚恳地、过细地在教学中做到温情脉脉地应对,同时又需要有百折不挠的意志和耐性。该校的教师已经掌握了这种奥秘,这里面存在着我们应当学习的教育智慧。

我在 5 月造访熊野市的木本学校的同时,也决定造访尾鹫市的尾鹫中学。尾鹫中学在我赴任三重大学的那一年(1980),就是一所以全国校内暴力的策源地而闻名的学校。如今三十年过去了,该校直至前年,仍然是县里一所薄弱的学校。其背景是地区的崩溃。曾经是远洋渔业繁荣的市,据说如今只剩下七艘渔船。去年,这所尾鹫中学的神保方正校长同全校教职工同心协力,开始了"学习共同体"创建的学校改革。仅仅用了一年的时间,就取得了如此扎实的成果。

　　二十世纪七十年代,为了寻求由于经济的高速发展而受到破坏的地区的再生,曾经是热心地追求"扎根地区的教育"的时代。我想,当今比那个时代更需要切实地寻求"扎根地区的再生教育"。一想到地区的萧条,就以为短期里经济的复兴是重要的,然而,从长远的观点看,教育远比经济重要得多。教育是地区未来的希望,教育崩溃的地区没有未来。惟其如此,教师的使命与责任是重大的。

年轻教师共同成长的学校

一、浜之乡小学的现在

神奈川县茅崎市的浜之乡小学作为"学习共同体"的先锋学校创设以来,已经走过了十五年的历程。该校揭橥"21世纪型学校"开始启程之际,大濑敏昭校长(已故)和我被诸多观摩者询问"十年后的展望"。当时我和大濑校长的回答是:"十年后的学校由十年后来的教师、儿童与家长来决定。我们只思考'现在'的学校如何办好。"这种回答包含了两种主张。其一,学校应当是怎样的,应当由当时学校的当事者来决定。这是一种民主主义的主张。其二,教育应当追求的"现在",不是作为过去与未来的中间点上的"现在",而是联结过去而又超越现今的"现在",是超越现今的延长线上的未来、挑战可能的未来的"现在"。

十五年后的今日,浜之乡小学一以贯之地传承了"学习共同体"这一学校改革的理念。以"基于建构同僚性与确立自律性的校内研修"为中心,旨在创造"像个学校样子的学校"。在这一点上,第四任的加藤清校长(当时)说,该校的学校经营是一以贯之的。应当说,办学的理念——"您和我,以及您们和我们,同心协力办好协同学习的学习共同体的学校",也是一以贯之的。

不过,浜之乡小学的教师走向了新的高度,面貌一新。巨大的变化就是年轻教师的增加,其因素是由于首都圈急速进展的教师的世代更迭。在浜之乡小学创办之后的数年间,全市(18所小学)新聘教师1名或2名,全部是由该校接纳。但是,新聘教师数在近十年间急增 50 倍。近年来,各个学校每年新聘的教师有三四名。其结果是,五年前浜之乡小学教师的平均年龄是 31 岁,是包括校长、副校长、教务主任在内的平均年龄。28 名教师几乎都是 20 几岁,22 个班级的半数以上的教师都是近三年内新聘的。我每年要造访将近 100 所学校,没有碰到像浜之乡小学那样年轻教师如此多的学校。根据文部科学省的统计,今后十年间全国教师的三分之一都将被年轻教师替换。未曾料到,浜之乡小学在教师的年龄构成上,发挥了"先进学校"的作用。

尽管如此,年轻教师占据大多数的浜之乡小学,作为一所传承革新传统、保障每一个儿童的学习权、求得每一个教师的共同成长的学校,是令人惊异的。儿童们的言行举止,一如既往,是那么优雅,儿童相互之间的关爱与协同学习的关系得到了空前的成长。在教学的设计与学习的品质上,尽管还存在若干值得探讨的问题,但是年轻教师受到资深教师的支撑、相互学习的面貌,是别的学校无可比拟的。在实现年轻教师共同成长这一点上,浜之乡小学迎来了第二个黄金期。

二、学习年轻教师的教学

培育年轻教师之所以艰难,就在于往往片面地指导(矫正)年轻教师的缺点。指责年轻教师的课堂实践的缺点是谁都容易做到的。而年轻教师方面也仅仅局限于就事论事的解决,容易陷入陈旧刻板的教学模式。其结果是年轻教师越来越混乱:或者是被资深教师毁坏了,或者是被剥夺了学习的可能性。那么,怎样才能克服这种弊端呢?

最大的关键在于资深教师能否从年轻教师的实践之中挖掘"学习"的能力。越是优秀的教师,越是能够从年轻教师身上学到智慧,同这种资深教师相遇的年轻教师是幸福的。如果这种年轻教师以最适于自己的时间去摸索最适于自己的教学实践方式与哲学,就一定能够合乎儿童的成长,迈开坚定的步伐,茁壮成长。

我自身也体验到,从资深教师的实践中得到学习是重要的,但更重要的是从年轻教师的实践中得到学习。其理由可以列举若干。其一,在年轻教师的教学中,教师的设计与儿童的学习事实之间的落差大,据此可以从根本上探讨教材的特质与教学实践的本质。其二,年轻教师所拥有的困难是多重问题复杂地交织在一道的,摸索其诊断与解决本身,需要有对于课堂实践的高度见识与过细考虑。其三,要求修正年轻教师实践的缺点是简单的,但是,发现并培育这种年轻教师的成长之芽,需要不同寻常的卓越的课堂观察与反思的能力。基于这些认识,我们就应当更好地支持年轻教师的成长。

三、成长的轨迹

2011 年 3 月 3 日,浜之乡小学在这一年召开第十届授业研究协议会,围绕两名年轻教师的公开课展开探讨。一位是在浜之乡小学新聘的、迎来第五个年头的福田悠子先生,另一位是初任第一个年头的滨田惇志先生。福田先生上的是 1 年级 1 班的文学课,滨田先生上的是 5 年级 1 班的"分数的乘法"。这两堂公开课对我而言,都是启发良多的好课。

福田先生在学年末的公开课上,选用了灰谷健次郎的《等着啊,六兵卫》①课文,这是一个学年来追求的"愉快地说"的教学总决战。她说:"儿童的感觉和我的感觉总是有分歧,不管怎样都难以消除这种分歧,一直在想方设法,创造好的教学。"不过,从我对福田先生的课教学观摩的经验而言,她在浜之乡小学的教师中,对儿童的应对是最细致周到、最能贴近儿童的学习,能进行课堂创造的一位教师。这一天的教学也是同样,充满着儿童的新鲜敏锐的感觉,展开了每一个儿童的阅读得以相互交响的、心花怒放般的、实足低年级气味的课堂教学。

福田先生的柔情似水的应对,简直是出神入化。我回想起福田先生 5 年来成长的轨迹,心头不觉一热。她新任第一个年头的秋天,我曾经建议她说:"即便儿童不高兴也没有关系,要把持住自己的声音。"福田先生对于自己的教学是那么苦思苦虑,身心疲惫。这样,她从第二个年头开始,一边学习前辈与同僚的经验,一边与日俱增地形成自己的风格,实现了惊人的成长。

最大的变化是三年前,当她接手一个胡搅蛮缠的儿童、面对其蛮横行为的时候,真可谓呕心沥血。这时福田先生从心底里怨恨对其儿子死缠烂打的母亲。然而,一天,她听了其母亲哭诉着平日里养育儿子的艰辛。从这一天开始,福田先生完完全全地接纳了其儿子和母亲。以此为契机,福田先生的课实现了根本的转型:关照每一个儿童,把儿童们不同的想法链接起来,形成"交响学习"的教学风格。

这一天公开课的最后阶段,福田先生喜极而哭,整堂课居然延长了 10 分钟。无论是儿童还是将近 100 名的观摩者,都没有料想到这么成功。当时我的眼睛也湿润了,咀嚼着福田先生眼泪的意味。她自新任以来,已是第五年。一个月之后也许会从浜之乡小学转任别的学校。在福田先生关照下的每一个儿童一年来的成长是光彩夺目的,

↑福田先生的教课堂场景

跟同僚之间一道走过的协同学习的轨迹也是可圈可点的。可以说,福田先生实现了作为一名教师的自立。

另外,滨田先生的公开课直率地体现了任何一个初任教师也会碰到的障碍。滨田先生是作为临时聘用的教师从去年来校任教的,整堂课难以形成。特别实诚的滨田先生的课堂实践,难以使儿童获得学习的满足感,尽管苦心孤诣,却是徒劳无功。这一天的公开课和教学点评,全体同僚一道分析这种障碍是从哪里产生的,这是一个深入探讨教师上课的基本功的绝好机会。

造成滨田先生徒劳的因素是复杂的。首先是他的角色定位、视线与倾听方式。他是"一对一"地应对儿童的,而没有做到"一对全体"的应对,儿童与儿童之间的链接,以及儿童与教材之间的链接。因此,他只跟前排的儿童对话,无法跟后排的儿童一起形成协同学习的关系。再者,在"分数的乘法"中,"比例分数"与"量分数"的数学意涵,连滨田先生自己也模棱两可,所以不能链接儿童的困惑。这样,自然会导致学习的混乱。

滨田先生的公开课案例的探讨,超越了这个案例本身,是一个同僚之间深入探讨的绝好机会:教师的教学基本功是什么? 学习是通过哪些要素获得成功的? 为了提升学习的品质,教师需要掌握什么? ——可以相信,通过这种教学研修,今后滨田先生一定会有长足的进步。年轻教师成长的轨迹也为新的学校的创建提供了准备。

译注：

① 《等着啊，六兵卫》，作者灰谷健次郎（1934—2006），日本儿童文学作家，曾获第八届日本儿童文学者协会新人奖。

《等着啊，六兵卫》这篇童话以滑稽诙谐的标题来表现小孩与小狗之间的交流。"不得了啦，小狗六兵卫跌进洞里了！"一心想把小狗救出来的一群小孩，会想出什么样的好办法？他的作品，诸如描述一个绰号叫"马戈琴"的阳刚男孩的《马戈琴》；围绕小狗父女之间展开的故事《不曾挨骂的孩子的挨骂法》等等，栩栩如生地描述了儿童日常生活，在给成人与儿童带来清新的感动的同时，激发起人们敢于直面人生的勇气。

扎根乡土的高中

——发动教学改革，承担地区未来

一、新绿丛中

从东海道新干线的岛田车站沿着大井川，驱车走山道 45 分钟，来到静冈县立川根高中（校长河原崎全）造访。环抱着缓缓流淌的大井川的山谷，被层层的新绿浸染，景色迷人。川根町是高级茶川根的产地，川根温泉也很闻名。不过，越往前走，越是山峦重叠。川根本町有 1 所高中，去该町的交通，从东海岛新干线的金谷车站出发，也可以走私铁的大井川铁道，也可以利用这条铁道沿着大井川走 40 分钟，运费被称为"日本最贵"，单程 1500 日元。

川根高中是有学生 206 名（1 年级学生 78 名、2 年级学生 62 名、3 年级学生 66 名）的小型高中。由于地处山谷的盆地，所有学生都是来自旧川根町内的 3 所中学——本川根中学、中川根中学、川根中学——的升学者。这 3 所中学的毕业生几乎半数进岛田市内的高中，剩下的半数进该校（进岛田市高中的学生乘高额运费的大井川铁道上学）。今年（2011）通过校长的努力招到大量 1 年级学生，学生数超过 200 名，前年度是 200 名。

川根高中的学生数在二十五年前超过 500 名。但是，川根町的少子化、老龄化势头凶猛，随着 3 所初中的学生数减少，该校的学生数也持续减少。虽尚未进入存亡危机，但现状是 3 所初中的毕业生数每年减少 30 名，争取多一个学生入学也是必要的。

失去了川根高中,川根町地区就会覆灭殆尽。显而易见,川根高中承担着地区的未来。

尽管川根高中的学生数在减少,但在升学业绩上却取得了珍贵的成果。截至二十年前,四年制大学的升学者是 10 名以下(5％左右),近年来上升到 30 名以上(40％—50％)。2010 年的合格者数,四年制大学(其中包括国公立 6 名)共计 37 名、短期大学8 名、专门学校 13 名、就业 13 名(凡希望者均就业)。从入学成绩的水准看,是可观的实绩。升学与就业的实绩是同地区的人们对该校信赖与否直接相关的指标,也是关系到该校的存亡乃至地区存亡的最重要的指标。顺便说一句,川根高中的学生谁也没有上私塾或是预备校的经验。在今日的日本,一次也没有上过私塾或预备校的学生是罕见的。就这一点而言,也称得上是该校的实绩了。

这个地区儿童的学力,不管哪一所学校,都比全国平均低得多。曾经是林业繁盛、尔后因茶叶栽培而富饶的地区。或许是由于以自营业为中心的经济,不求子女学力的高度。不过,在如今林业毁灭的状态中,即便是在狭窄的田地里栽培高附加值的高端高级茶的农家,也由于日本人远离高级茶而经营拮据。如今,专业的茶田农家只剩下数家。况且高级茶怕霜,在早春,嫩芽即便受一夜的霜害,也会改变茶色,招致毁灭性的打击。去年度(2010)就是那么一种情况。在这种情形下,几乎所有的居民都在附近的中小工场与公司上班,期待自己的子女升入大学、短期大学和专业学校。该校就是在回应这种需求。

二、校际合作的课堂研究

一到川根高中,附设在该校的研修大楼里正在展开初高中校际合作研修会。川根高中、川根初中、中川根初中和本川根初中 4 所学校从 2002 年度开始推进"川根地区合作型初高中一贯制教育"。其特征在于课堂交流。在川根高中同合作的初中,合作的初中同川根高中之间,分别进行有来有往的课堂交流,然后共同举办教学研讨会。这一天,4 所学校的约 60 名全体教师,同别校的约 20 名与会者一起,观摩、研讨川根高中的教学。根据我的演讲,讨论了课堂改革与提升学力的方略。

参与初高中合作研讨会的我,为这个闭塞的山谷盆地的高中与初中最本真地实现公立学校的使命,而深受感动。初高中的合作旨在"传承地区的传统文化"与"培育承担 21 世纪川根地区的有为人才",追求教育的质的提升与平等的实现。接受这种经验的儿童是没有任何私塾、预备校经验的儿童,他们体验到的是:学校是地区的"学习共同体"的中枢。教师也是同样。

很快,观摩了高中1年级的公开课。执教者是从事教职第二年的八蟠亮介的数学小班级的教学,题材是"循环小数"。一进入教室,就看到18名学生端坐在"U"字型排列的课桌椅上。看起来,每一个学生都是温和、朴素而诚实的,同学之间分外友好。在开学不久的四月初,在第3节课的这堂数学课上,就像是彼此相处半年以上,亲密无间。由此可以想见,这所学校的每一个学生都受到了尊重,在哪一节课中都能顺利地展开。

这节课从出示"$1/3 = 0.3333$、$7/11 = 0.636363$、$5/37 = 0.135135135$",这些数叫"循环小数"。当中有1名学生发言:"蛋糕不能三等分,总归有一个稍微大一点"。又一个学生说:"从120度上来切,就可以三等分。"听了这个发言,八蟠先生提出问题:"$1 = 0.99999$,对吗?",围绕这个问题,进行第一次小组协同学习。这是15分钟左右的小组活动,除了有2名女生未说"不懂"的一个小组之外,所有小组都在活跃地交换意见,可以看出协同学习的乐趣。学生们得出的结论是多样的。证明"这个等式不能成立"的学生最多。不过,听完了"$1/3 = 0.3333$的两边分别扩大3倍,就是$1 = 0.9999$了"学生的见解之后,八蟠先生讲解了"无限"的概念,确认了这个等式是成立的。

终于到了挑战冲刺性课题。布置"0.6666与0.2727,分别用分数来表示"的课题,在小组协同学习中讨论10分钟。每一个小组都展开了活跃的讨论,分别引出了"$2/3$"、"$10/37$"的答案。把上课一开始提示的"$1/3 = 0.3333$、$7/11 = 0.636363$、$5/37 = 0.135135135$",分别增加了1倍。在一些小组里,出现了这样的意见:"$1/3$可以理解,$5/37$怪怪的"。兴奋至极,出现了"不得了,不得了"的声音。一个男生通过"$X = 0.2727$,$100X - X = 27$,得出$X = 27/99 = 3/11$"的正确答案。

三、改革的展望

八蟠先生的公开课从种种的意涵上展望该校的改革。成果之一是,他是任教才两年的教师,就能够率先上公开课,而且实现了优质的教学。川根高中的教师半数以上是从教五年以下的教师,以八蟠先生为首的年轻教师真挚、诚实的教学改革的挑战,实现了上述的升学的实绩。不过,单凭年轻教师,要展开教学的创造是困难的。在研讨会上一位年轻教师也发表了率直的见解:"即便是理解了协同学习的优越性,但由于自己一直到高中只有划一同步教学的经验,总感到导入小组协同学习是恐怖的。"我想,确实如此。这位年轻教师作为"21世纪生存的教师",苦心孤诣地致力于新时代教学模式的创造,是珍贵无比的。

↑公开课的课堂场景

八蟠先生的公开课,以其凝练的语言,以"夯实"与"冲刺"两种层次的课题,展开小组协同学习的教学,并在确保协同学习时间上的充分等等这些方面清晰地展现了未来课堂改革的希望。值得一提的是,在看似平淡无奇的关系之中体现出来的师生之间的信赖关系,是非常出色的。

这堂公开课的另一个成果是揭橥"学习共同体"的教学模式已经牢牢地融会在该校学生的学习之中。据说八蟠先生在几个月之前参加了东京大学教育学部附属中学的公开研讨会,洞悉了"学习共同体"的教学创造的愿景。我观摩了他的公开课之后也深深感到,这种学习模式是完全适合这个地区的学生的。

合作研修会上,旨在提升学力的课堂改革的模式,在各个学科的分组会上也展开了讨论。怎样通过合作的方式来克服这个地区学力低卞的问题,正如河原崎校长所盼望的,不久还包括4所小学在内的研修体制,是提升整个地区的教育水准所必须的。征途漫漫,但已经迈出了坚实的一步。

在归途的车中,同多年来密切交往的浅川典善副校长,夹杂着文学评论,谈起了该校改革的展望。他说:"河原崎校长和我是'痞子'校长、副校长。"扎根乡土的他们,开辟了日本高中的未来。

持之以恒的改革

一、业已启动的永久革命

新年度开始的四五月的学校造访，一直沉浸在焦虑与紧张之中。新的学年开始了，迎来新的教师、新的校长、新的儿童。不同于没有教师调动的欧美学校，日本学校的校长任期满三年的、教师任期满五年的，就得调动到别的学校。因此，每年有四分之一的教师更迭。必须意识到，推进"学习共同体"创建的学校每年会有三分之一左右的教师调动。学校越是改善得好，教育委员会越会把优秀的教师调往更加薄弱的学校，这是理所当然的举措。我认为，日本的教师调动对于优化整个地区的学校教育而言，是一种有效的制度。

万事开头难，但对于学校改革持之以恒更是难上加难。在大约十年之前，往往是校长更换了，改革也就停顿下来了。"学习共同体"的学校改革是牵一发而动全身的，处于核心地位的校长的领导作用一旦被弱化或者起着反作用，学校改革往往就会崩溃殆尽。构筑改革的基地学校也是一样，校长一旦调动就崩溃下来。在别的学校再构筑基地学校，同样会随着校长的调动而崩溃。一时间，就像是"冥河河滩上垒起来的石块那样"虚幻①。即便认识到这种虚幻对于学校而言是宿命论的，仍然不能不想起冥河河滩那样的命运。

不过，大约在十年前，事态为之一变。几乎所有的改革基地，即便是校长调动了，改革仍然在持续。而今，除了部分学校之外，"学习共同体"创建的学校改革一旦实现了,即便校长更迭了,无论哪一所学校,改革仍然在持续进行。这里面存在若干原因。最大的原因是"学习共同体"的学校创建为广大教育界所认同,获得了压倒性的多数校长与教师的支持。"学习共同体"的学校改革不是方式与形式,而是"愿景与哲学",是"活动机制"。这些作为众多的校长与教师的改革愿望得以普及与浸透。再者,一所学校的改革不是单打独斗地进行的,而是形成了地区性、全国性的网络,这样便于各自学校改革的持续。如今,这种改革的指导者将近有 70 名,彼此同心协力,支撑着 300 所左右的先锋学校,约有 3000 所学校挑战改革。而且改革的方略也是洗练的。

↑公开课的课堂场景

我提出了学校改革的三个阶段。第一阶段是"培育能够应对每一个儿童的教师,借助协同学习关系,让每一个儿童参与学习的阶段"。第二阶段是"每一个教师能够应对儿童成长的阶段"。这个阶段不实现,学习品质的提升就不能实现。如果不是追求所有教师能够实现儿童的优质学习的学校,学校的改革就会归于幻灭;不管拥有何等理想的教师,如果不是持续地挑战儿童最优学习的学校,学校的改革也不可能达到最高水准。第三阶段是"经受得了更换任何校长的学校"的阶段,否则学校改革要持续十年以上是不可能的。学校的改革缓慢地推进是最有效的。为了实现优质的教育,最低限度必须坚持十年的持续改革。

在大约 3000 所挑战"学习共同体"创建的改革学校中,有若干学校已处于第二阶段与第三阶段之间,坚持不懈地展开改革,其他学校几乎都处于第一阶段与第二阶段之间的苦斗之中。

二、改革的摇摆

2011 年 5 月,造访静冈县富士市的元吉原中学。该校着手"学习共同体"的学校改革是在九年前。这是一所居民留流动少的学校,是在市内平均水准以上、改革持续稳定的学校。借助曾经作为副校长、领导过市内岳阳中学的"学习共同体"改革、拥有了丰富经验的稻叶义治校长的出色的领导力,元吉原中学成为"最稳定的基地学校之一",成为全国教师学习的典范学校。稻叶校长的改革得到丸山和彦校长,以及现今石川诚校长的继承,课堂教学与校内研修都得到了锤炼。这种进展,比我所知道的任何学校都扎实得多。可以说是一帆风顺的九年。问题行为几乎为零,辍学儿童也几乎绝迹。

最显著的学校改革的成果是高水准的学力。近五年的学力调查结果表明,无论是在市内还是在全国,均达一流水准。特别是活学活用的"发展性学力"水准显著提升,将近超过了全国平均水准的 25%。陈述式问题的得分全国平均 60 分,该校是 80 分。这个成果当然是由于在所有课堂中导入了新型的教学模式——每一个儿童参与的"协同学习";促进高阶段的探究思维的"冲刺性学习"——所造成的。

不过,即便在一帆风顺地推进改革的学校里,改革的坚守也并不是风平浪静的。这次的造访让我重新认识了一个事实:即便在如此顺利地推进改革的学校中,优质的教育之所以得以持续,也并不是一件轻而易举的事情。去年的造访的学校也多少有些担心,2 年级的学生并没有获得我们所期待的成功。

同以往的造访一样,上午两节课走访所有的课堂,2 年级学生的课堂有些许混乱。没有发现什么无精打采的,一般都能够参与学习,实现小组的协同学习。不过看不到孜孜以求地学习的姿态。一言以蔽之,整个课堂教学的状态有点勉为其难。教师的话语一旦过多,男生立即作出反应,学习崩溃下来。另一方面,女生则变成了客人模样,一个个无所用心,沉默不语。从前述的三阶段而言,即便是在第一阶段也难说。

三、改进的展望

一般而言,所有学校的 2 年级学生往往都是不稳定的,或许是处于青春期最活跃的成长年龄阶段的缘故。跨越了这种不稳定,学生们就会大踏步地成长。这种飞跃也能期待于这样的 2 年级学生么?

仔细地观察一下吧。在学习低迷的课堂里,可以发现若干共同的特征。首先是男孩显得更为稚嫩,女孩则往往更为老成一些。表面上看不出来,但决不能说彼此是好伙伴。更加为难的是,同该校的 1 年级学生和 3 年级学生相比,2 年级学生低学力的居多。无论男女生都尚幼稚,教师一经点拨,态度会突然改变。可以发现两种课堂氛围:信赖学生、积极地导入协同学习的教师,其课堂是生动活泼的;难以从传统的灌输式教学中摆脱出来的教师,话语啰嗦、内容贫乏,在这种课堂里,儿童的思考会戛然停止,似听非听,心不在焉,或者是七嘴八舌、人声嘈杂。面对此情此景,教师简直不知所措。午休时刻,拼命地思量对策,却想不出一条妙招来。

下午,在 2 年级 2 班,资深教师时田茂先生上数学公开课。不愧是元吉原中学!教师们清楚得很,在课堂改革中,2 年级是需要集中攻关的年级阶段。教材是"文字式的应用":计算 13、14、15、16……连续的 10 个数,得数是多少?假如从 63 开始,会怎样?很快进入小组探讨,学生得出了两种结果:第一个方法是"第 5 个数扩大 10 倍再加 5",第二个方法是"把第 5 个数与第 6 个数的均值扩大 10 倍"。经确认之后,展开下一步活动:用文字式来证明这两个方法都是正确的。

所有观摩者都很吃惊,这节课上学生的学习姿态同上午两节课上学生的学习姿态简直有天壤之别。每一个学生都是聚精会神地参与探究,开展了出色的协同学习与思考活动。作为观摩者的我也对这种变化感到惊异。这个事实究竟意味着什么呢?

仔细观察一下,在每一个 4 人小组中,其中总有两三个人对于这种绝不能说是难的问题处于不能解决的状态,说明学力水准是相当低的。不仅是男生,而且女生的学力也是显著低下。再者,同来自哥伦比亚的女生与呆若木鸡的女生相比,无论在数学思维还是在会话沟通上,都极其困难。有的学生心不在焉,有的学生在下半节课程几乎处于睡眠状态。

然而,只要给予允分的时间,保障了小组的协同学习,即便是这些学生,也会周到地关爱伙伴,围绕不懂的问题,直率地展开讨论,分享着学习创造的快乐。这个年级的学生的另一个特点在于喜欢"合作思考"。通过时田先生的课,我终于学到了解决的方略:唯有推进探究性的协同学习才是正道,别无他途。就像这个案例所表明的,从课堂的事实中可以学到不计其数的教育的智慧。

译注：

① 冥河河滩,据说是儿童死后灵魂前往受难的冥土。孩子死后其亡灵为了供养父母,在这里堆沙造塔,但不断为鬼魂所破坏,后被地藏菩萨所救。

走访东北地区的学校
——走向振兴之道

一、走向振兴之道

东日本大地震之后四个月，重新开始了一直中断的东北地区的学校造访。7月第一周福岛县白河市、第二周青森县阶上町、第三周宫城县富谷町。准备9月造访岩手县奥州市，10月造访福岛县须贺川市的学校。这些市和町，既不是海啸的直接受灾地，也不是原发事故的避难区。不过，都是与受灾地与避难区相邻地区的市和町，是振兴的据点。

大地震的死者15641人，失踪者5007人（2011年7月27日），如今（2011年7月）仍然有10万人不得不过着避难所的生活。3月11日下午2时46分，几乎所有的儿童都在学校、托儿所和幼儿园里。因此，万幸的是，儿童死者与失踪者得以限于最小限度之内。从幼儿园儿童到大学生死者是522人，失踪者236人。但有1294间校舍与园舍损伤：流失、全烧、倒塌、半倒塌、外墙龟裂等。震灾后有1751所学校停课，415所学校成为社区居民的避难所。由于福岛第一原发事故而被收容到其他都道府县学校的儿童超过了10000人。

受灾地的教师的应对是迅速的、无私的。他们尽早地使学校复课了，儿童优先受到关照，成为地区振兴的先驱。作为避难所的这些学校，一边关照灾民，一边保护受伤儿童的身心，实现了教育事业的迅速恢复。我要对教师们的这些努力致以敬意。学校是社区的中心,教师是这种中心的承担者。

教师的工作也是振兴的中心内容之一,因为他们往往处于风口浪尖。面对行政应对的缓慢而焦躁的避难所的人们,把愤怒与怨恨发泄到教师身上;受原发事故放射性污染而深感恐怖的家长带着焦虑与不满来到学校。尽管学校尽早地复课了,但校舍的复原,对避难儿童的应对,并没有获得令人满意的进展。在福岛第一核电站一号反应堆的周边地区,3月11日的状态至今仍然在持续,在宫城县不使用的48栋校舍中,临时校舍只有一处动工,其他校舍的重建工程遥遥无期。在受灾地,临时住宅的优先建设,校舍的重建往后拖延,这样的社区复兴能够实现么?"如果没有原发事故的话"——这是人们共同的话语。尽管地震与海啸的受害会一天天地远去,但是原发事故的放射性污染仍然在持续,而且没有出头之日。二十年以后能够解决的期盼,是难以想象的。

二、严阵以待,直面教学

"越是这样的局面,越是要严阵以待直面教学"——受灾地的教师们异口同声地这样说。确实如此。无法想象的现实、不透明的未来、毫无进展的政治解决——在这样的状况中,教师应当做的就是深刻地领悟到教师作为专家的使命与责任,严肃地对待教学。

7月7日,参加担心受到放射性污染的福岛县白河市表乡小学(校长大山郁)的公开研讨会。去年应邀在白河市教育委员会做过演讲,在该校从本年度开始挑战"学习共同体"的教学创造。这个挑战是作为"白河市教师赋权增能推进事业"的一环来抓的。

白河市是原发事故不久就因放射性污染而发生恐怖的地方。据说,在事故的第二天,在没有任何信息的避难所里,突然看见空中飘落的粉雪,"落死灰了"——周围一片骚动。许多教师都知道,核反应堆冷却一旦中断,60小时之内就会被熔毁,显然,事态超出了官方和东京发电厂公布的信息。

不出教师们的预料,市内所有的土地被污染了。白河市教育委员会花费了庞大的预算,实施了所有学校校园土地的表层削除措施。超过了千分之一西韦特单位(λ射线单位)的校园只限于山谷的学校。然而,倘若不在所有学校的校园里采取清除放射性污染的措施,就不可能得到家长的信赖。现在,确保膳食的食材是一个课题。过去白河市标榜"地产地消"，膳食的食材全部取自县内的产品。不过，原发事故以来，根据家长的强烈要求，决定食材全部从县外调运。

表乡小学位于白河市的农业地区。几乎所有儿童都是农家子弟。其农业受到毁灭性的打击。所有的水田、旱田都栽种了水稻或蔬菜，却没有任何销售的前途。面对那些靠赔偿金从事农业的人们，只能表示遗憾，洒下同情的眼泪。

尽管直面大天灾，表乡小学的课堂改革仍在扎扎实实地进行。公开课是 6 年级 2 班佐藤康二先生的国语课《狂言·柿山伏》[①]。这堂课表明，朴素儿童的诚实的学习姿态又迈进了一步。

三、再生的展望

接着，第二周造访的青森县阶上中学（校长菅井盛基）的"学习共同体"的课堂改革是一出压轴戏。该校曾经是一乱糟糟的学校，如今发生了脱胎换骨的变化。该校一直围绕"保障人人参与学习的协同学习之探讨"的课题，推行了四年的研究。

菅井校长的改革愿景是通过秋田县沼上市羽城中学及岩手县奥州市水泽中学的走访确定下来的。聘请了富士市岳阳中学原校长佐藤雅彰先生为讲师，从平成 19 年度（2007）开始推进"学习共同体"创建的改革。其成果是踏踏实实、令人惊异的。无论是在哪一个课堂里，每一个学生都在聚精会神地学习，而且"夯实"与"冲刺"小组的协

↑阶上中学的课堂场景

同学习,在所有的课堂里都得到了适当的组织。所有的课堂观摩下来,我确信的一点是,又诞生了一所东北地区学校改革的坚不可摧的基地学校。由于这所学校的存在,青森县的学校改革一定会大踏步地前进。

阶上中学学校改革的进展,是东北地区振兴的希望。在这一天的公开研讨会上,以青森县为中心,有包括岩手县、福岛县、茨城县等在内的受灾区众多的市、町、村教委主任和教师的参与。每个人都怀抱着共同的希望。正是教育改革,正是真诚地坚持学习的儿童,是东北地区振兴的希望。

接下来的一周造访的是宫城县富谷町临近仙台市的新兴住宅区。美丽的行道树、崭新的家居,犹如房地产商的展览场,美不胜收。实际上,富谷町是东北一个人口急剧增长的地区,人口增长率居全国第 5 名。整个町聚集了年轻人,学龄儿童数占了人口的将近一半。

3 月 11 日,在富谷町的小学与中学举办了毕业式。倘若是上午发生大地震,崩落的体育馆的天花板就会压下来,出现大量的死伤者。幸好是下午 2 时 46 分,儿童、教师和家长不在体育馆。

造访富谷町町营的大厅,160 名托儿所保育的儿童在开"化妆舞会"。从这天开始是暑假了。看到儿童们快活的面貌,大震灾的悲剧就像是谎言一般。

这一天,以富谷町的全体教师为对象,举办"学习共同体的课堂改革与学校创造"的演讲会。宽敞的大厅里教师满席,规划这次演讲会的是菅原教委主任。菅先生是他在东北大学的学生时代在该大学任教 2 年的我的恩师稻垣忠彦先生(东京大学名誉教授)的弟子。菅先生担任小学校长之后几次邀请稻垣先生指导课堂改革。由于稻垣先生的关系,这次演讲会得以成功举办。富谷町的若生町长也是一位拥有十五年经验的教育工作者,该町以"教育满足日本第一"作为町政的核心政策,期待这个富谷町的教育改革在宫城县的教育改革中承担起主导性的作用。

大震灾与海啸给宫城县带来的损失是难以想象的。免受海啸灾害的富谷町的校舍准备在暑假期间修复,但沿岸部分不能使用的校舍即便在过去了四个月的现在,尚无修复的期限。而且,宫城县的主要产业之一是水产业,由于海啸居然损失了 84% 的渔船,经济复兴的前景也不明朗。

在这天的演讲会上,我传递了这样一种想法:教育正是振兴的关键所在。在宫城县的最大课题——经济复兴——中,从长远的观点看,优质教育的创造才是对未来最大的经济投资。严阵以待地直面教学实践——成为社区共同体希望的核心。实现儿童的优质学习乃是最重大的要务。

译注：

① "狂言"是日本一种独特的滑稽喜剧艺术，起源于日本室町时代，至今已有600年的历史。它与"能"一道，从猿乐衍化发展而来，"狂言"与"能"属于日本四大经典戏剧之一。按照剧目中角色的不同，大体可以分为胁狂言、大名狂言、鬼怪狂言、僧侣狂言、盲人狂言、家庭狂言、杂狂言等十几类。《柿山伏》属于鬼怪狂言，其中的"山伏"这个角色是不学无术、欲望又强的亡灵。

举全市之力:学校改革的展望

一、作为改革主体的市教育委员会

近年来,市教育委员会发挥主导性作用,市内所有致力于"学习共同体"的中小学,他们创建的地域一直在增加。这种新动向,以分权改革为背景,今后将进一步得到加强。

中小学原本由于市、町教育委员会管辖,与其说是文部科学省与都道府县教育委员会,不如说是町村教育委员会。应当发挥学校改革的主导性,强化教师的自律性,促进教育的创造性。在推进分权改革的今日更是如此。不过,日本的分权改革也带来了悖论:一方面是从文部科学省的权限与权力之中摆脱出来的非中心化,另一方面是学校与教师的自律性与创造性受到进一步的限制。造成这种局面的一个要因是:权限、权力与财源均被纳入都道府县首长的管辖之下,对学校和教师负有直接责任的市、町村教育委员会的权限、权力与财源却被弱化了。市町村合并的教育行政的广域化,进一步助长了这种倾向。如何才能抵制分权改革的这种悖论性的结果,推进强化学校与教师的自律性、创造性的改革呢? 一个答案就是以市町村教育委员会为主体的学校改革运动。

实际上,在以市町村教育委员会为主导、推进学校改革的地域,市町村教育委员会的教育政策远比文部科学省的教育政策重要。推进分权改革的今日教育政策斗争的中心舞台,在于市町村教育委员会。今日教育行政的特征,一般而言,市町村教育委员会是最具革新的,都道府县教育委员会是最保守的,文部科学省居于中间的位置。另外,市町村的地域特征,一般而言,教委主任是最革新的,校长是最保守的,教师居于中间的位置。这种政治结构,当然会随着地域的不同而有所差异,而多数地域呈现出这样的特征。

在分权改革成为教育改革基调的二十世纪九十年代中叶以来,依我的看法,以市町村教育委员会为单位的学校改革同政府或文部科学省推进的教育改革是同等重要的,甚至更加重要。"学习共同体"的学校改革受到市町村教委主任与教育委员会的支持并得以推进的理由就在于此。事实上,学校改革只能通过内部的改革才能实现,这种改革要持续地发展,与地域的支援紧密相关,市町村教委主任与教育委员会的支援也是不可或缺的。

二、同市民一道分享改革

介绍几个举全市之力的"学习共同体"的学校改革案例。茨城县牛久市的"学习共同体"的学校改革就是典型之一。牛久市有8所小学和5所中学。所有的中小学着手"学习共同体"的学校改革已有四年了。成为学习改革的契机的是,淀川行教委主任在NHK《特写现代》中观看特集节目——"学力的'十岁之壁'的存在及其实践",感慨万千,于是提出了举全市之力,推进"学习共同体"的学校改革的愿景。

在茨城县,石冈市的柿冈中学在斋岩本泰则校长的领导下已经取得了"学习共同体"的划时代的成果。即便在牛久市和临近牛久市的筑波市也是同样。在牛久市,在拥有校长经验的根本光子校长领导下,并木小学取得了确凿的成果。这两所学校成为先锋学校,推进了牛久市所有小学和初中的"学习共同体"的课堂改革与学校改革。支援举全市之力的改革的有岩本元校长、根本元校长以及北田佳子(富山大学)先生、杉山二季先生、村濑公胤先生等顾问。

改革的成果是显著的。首先是消灭了市内的薄弱初中。随之而来的是问题行为的激减,辍学的学生也有许多上学了。令教师和家长吃惊的是,在所有的课堂里,无精打采的学生不见了,看见的是人人参与学习的一种协同学习的氛围。这是"不可置信的变化"。问题行为几乎绝迹、人人热衷于学习的城市,在全日本也只有牛久市了。

学力的提升是显著的。原本牛久市的小学、初中的学力水准处于全国平均水准,通过"学习共同体"的课堂改革,交白卷的几乎绝迹,在发展性问题上提升到近乎高出全国平均水准的 20％。这种水准从全国范围来看，相当于一流水准。临近牛久市的筑波市的小学、初中的学力水准居全国的一流水准，筑波市是家长中大学教授或研究所研究员比其他地区明显多的地区。在牛久市没有这种特点，可以说是一般性的地区。但牛久市的学力水准却逼近了筑波市。其秘密自然在于"合作性学习"，在于所有的学校里都有效地组织了"冲刺性学习"。

这些"学习共同体"的课堂改革的划时代的成功，不仅使得附近所有学校教师感到惊异。原是新闻记者的市议会议员把市内戏剧性的改进步伐与学力水准逼近全国一流的消息，广为宣传，展开了借助媒体舆论支援校长与教师的活动。学校改革即便是得到了改革与改进，但是要让广大居民知晓，不是那么容易的。教学改革更是如此。以市议会议员为中心的学校改革的广泛报道活动对于推进改革的校长与教师而言，是无比珍贵的声援。

通过市议会的倡导，2011 年 8 月 19 日，在市终身学习中心文化会堂里，市内中小学教师与市民志愿者聚集一堂，展开演讲会与论坛。主办者是牛久市教育委员会，市内外的教师与市民约 500 名参加了这个论坛。在演讲会与论坛中，作为演讲者的我，作为参与讨论者的牛久市长、池边胜幸先生，应邀出席。在这次研究集会上，举行了下根中学的实践报告，确认了该市学校改革已经取得的成果，同时也成为讨论未来改革展望的绝好机会。这次研究集会打出的横幅是"学习共同体的城镇——牛久"。担任司会的市议员期待向市长发出"学习共同体的城镇——牛久"的宣言。

在研讨会的最后，司会的市议员向我和市长提出了同样的问题。"如今，牛久市的中小学全都在推进'学习共同体'的改革，取得了空前的成果。但是，随着政治的变化之类的因素，这种改革的波涛或许会在什么时候戛然停息。怎样才能避免这种事态的发生呢？"我对这个问题的回答是："该崩溃的时候，就崩溃算了。倘若这种改革是有生命力的且是深深扎根的，那么新的改革自然会由此冒出新芽。"池边市长的回答不同，他说："学习共同体的学校改革持续十年以上不是不可能的。由议会规定条例就可以了。"对于这样的回答，全场报以大笑，群情高涨。

三、改革的展望

通过市町村教育委员会的主导，在所有的中小学致力于改革之际，一直受到关注。创建稳定的基地学校是整个地区推进改革事业的大前提。以市町村为单位的学校改革,借助来自各个学校内部改革的联动,可以走向成功。借助市町村教育委员会单向的自上而下的方式来推进改革是不会成功的。但是,整个地区的学校改革单靠所有学校自下而上地推进,也是不可能的。我们必须克服二元对立的思维方式,必须摸索"自上而下与自下而上相结合"的道路。这个条件就是稳定的基地学校的存在。

↑ 水泽小学的课堂场景

岩手县奥州市也从去年开始在全市的中小学推进"学习共同体"创建的学校改革。在奥州市,水泽学校从四年前开始推进"学习共同体"的学校改革,取得了划时代的成果。推进这场改革的佐藤孝守校长从2010年开始就任教委主任,开始了举全市之力的学校改革。佐藤教委主任追求不骄不躁地创建一所又一所的基地学校。初中则在水泽中学获得了稳定的发展,并以此为模式,在许多学校开始了"学习共同体"的教学改革。

奥州市首先需要的是小学改革的基地学校。承担这种改革并且站稳了脚跟的是水泽小学(校长高桥昌男)。水泽小学在2011年9月1日举办了"学习共同体"第一届扩大校内研修会。该校导入"浜之乡小学"的研修模式,规定每一个教师的研究课题,展开"协同学习"的教学创造。尽管是从4月起步的,但无论哪一个课堂,协同学习趋于成熟,无论哪一个教师,以"协同学习"为中心的教学模式,趋于形成。正如奥州市所见到的那样,正是基地学校的形成,才构成了教委主任和市町村教育委员会推进地区学校改革的基础。

观摩别校的重要性

一、变革学校之艰难

似乎是一种悖论,变革学校的最重要条件,恐怕就在于洞察变革学校之艰难。我同一线教师合作、发起从内部变革学校的挑战,已有三十二年。造访的中小学多达2500所,但在起始的十年间造访的1000所以上的学校,没有一所成功,连连失败。当然,局部的成功是有的,然而并没有创建出实现每一个学生的学习权、保障每一个教师成长的学校。特别是,尽管以为成功的学校有不少,但在几年之后,这些学校的改革都归于自生自灭。学校改革是一种一般人和一线教师难以想象的艰难事业。唯有洞察了这种艰难与辛酸,才有开辟学校改革的可能性。

课堂改革也是同样。课堂超越了一般人的想象,也超越了教师和教育研究者的想象,它是一种高度复杂的知性实践。在这里,可以说存在着同样的悖论。实现课堂改革的条件就在于:洞察课堂教学是高度复杂的、复合的、知性的作业,洞察课堂教学改革的艰难。唯其如此,才能开辟改革的可能性。

试回顾一下以往的经验。变革学校、变革教师的意识,并不能变革课堂。恰恰相反,变革了课堂,教师才会变;变革了教师,学校才会变。这条道路绝不是平坦的,而是需要庞大的能量、精力与睿智。除了这条道路之外,没有别的学校改革的方法。学校必须从内部变革。而且,这种来自内部的变革一旦失去了来自外部的支援,就不可能持续。进一步可以说,不管校长和教师如何努力,学校也不会变。倘若不同儿童一道实施改革,倘若仅同儿童一道,而不同家长、市民同心协力一道改革,学校改革也不可能走向成功。这些,是我从无数失败的辛酸中得出的教训。"学习共同体"的改革就是从这种经验、研究与教训中提炼出来的学校改革的愿景、哲学与活动的制度。

通过洞察学校变革之艰难、课堂变革之艰难,我日复一日,在中小学同儿童一起变革教学;在中小学建构教师作为教育专家共同成长的同僚性;在中小学与家长、市民、校长、教师和教育行政人员一起从事改革实践。我从他们身上学到了尊重他人、信赖他人的智慧。再者,作为教育研究者我有责无旁贷的责任,我支持这种改革的愿望,并一以贯之地深入到学校变革的实践之中,从中学到的智慧是任何书本所无法给予的。同时,从中享受到的幸福胜过任何快乐,丰硕无比。

二、变革学校的原动力

变革学校是艰难的事业。但另一方面,变革学校的时候往往又会获得预料之外的进展。2011年9月造访的12所学校都获得了超越我预期的进展,感触良多。以冈山与仓敷的学校为例。坦率地说,以往冈山县的学校造访总是给我留下了沉重的印象。课堂是保守的、刻板的。这种印象挥之不去的县,还有五六个之多,冈山县是其中之一。

走进课堂观摩,可以看到课桌椅整整齐齐地排列着,教师在唠唠叨叨地灌输教科书的内容。面对这种沉迷于旧式教学的教师姿态,我真想说:"这种课堂简直是博物馆里的化石。"在这样的课堂里,当我看见那些被剥夺了学习的低学力儿童的面貌,不禁黯然神伤,焦虑与烦闷充塞心头。怎样才能既不至于伤害教师而又能为改进教学做出些微贡献呢?总想尽力而为。一天下来,终于体验到筋疲力尽。当然,尽管是苦涩的体验,却从中学到了许多东西。然而,毕竟上了年岁,总感到心有余而力不足。

不过,9月造访了冈山市的芥子山小学、财前小学、仓敷市的儿岛小学、琴浦南小学的教学创造与学校改革,迫使我对冈山县中小学所抱持的偏见,做出深刻的反思。特别是琴浦小学的教学取得了出色的成果,所有的课堂都得到了改进,可以说是处于"全国一流水准"。那么,究竟是什么因素,使得这些学校获得了如此长足的进步呢?

芥子山小学是一所拥有儿童1100名、教师超过60名的大型学校。近藤弘行校长拥有前任在财前小学推进"学习共同体"的经验,从2010年度开始着手基于协同学习的教学改革。在2010年首次造访该校的时候,我对其几乎所有的课堂里教学方式的陈旧与教学内容的低下感到惊愕,"嗨,这就是冈山县的模样"——似乎被一股黑沉沉的心情压垮了。我想,我们不应当一味地责怪教师,但我们的教师至少应当认识到这个现实。我决定坦率地、原原本本地传递我的所感所想。我记得当时鼓起了勇气,一边琢磨着措辞,一边陈述了我的愿望:如何打破这个县的沉重现实,创建新型的学校。以近藤校长为首的该校的教师们确实是认认真真地接受了我的这一殷切的愿望。

今年造访的芥子山小学的所有课堂都面貌一新:"U"字型的课桌椅排列或是男女生4人混合的小组学习的课桌椅配置。小组学习(低年级配对学习)随处导入,形成了每一个儿童都醉心地学习的状态。不能说"冲刺性学习"是充分的,也不能说基于学科本质的"真正的学习"在所有的课堂里都实现了。但是它的征兆在所有的课堂里都已经显现,无论教师还是儿童的言行举止也都变了,变得如此稳健、优雅。这是令人惊讶的进步。

课堂观摩之后,我自身在去年度出于焦虑,以不逊的语言做出的"点评"——"冈山县的教学陈旧不堪"的偏见,感到耻辱。去年度,该校肯定也是在缓慢地推进着改革,其成果到今年度才产生了我在造访中所感叹的改革的进步。这样说来,近藤校长在去年度也说过的:"不焦不躁地推进改革是成功的关键。"确实如此。正是凭借着近藤校长专心致志地支持每一个教师的教学改革的实践,才实现了如此扎实的划时代的改善。

三、改革的基地学校的作用

翌日造访的仓敷市儿岛小学也有同样的体验。去年度(2010)首次造访儿岛小学之际,我对课堂教学模式的成就也抱有沉重的印象。无论儿童的声音还是教师的声音都很高亢,一般认为,这种高亢的声音象征着失败教学的现实。作为改善由此产生的困局,我坦率地向教师们陈述了我的愿望。不过今年造访该校,就像是别的学校那样,完全变了。所有课堂的课桌椅配置变了,配对学习(低年级)与小组学习(3年级以上)被有效地导入,而且也在追求"冲刺性学习"。其结果是,整个学校洋溢着宁静而稳健的氛围,不仅儿童们温文尔雅,而且以年轻教师为首的每一个教师都能潜心于细致周到的教学。尤为重要的是,以三宅俊行校长为首的教师们建构了致力于课堂改革的心心相印、同甘共苦的同僚性,令人高兴。

无论是芥子山小学还是儿岛小学,学校改革的成功多亏了作为顾问的秋山芳郎先生(原财前小学校长)与藤原良一先生(原琴浦南小学校长、前儿岛小学校长)的坚定支

↑琴浦南小学的课堂场景

持。藤原先生作为儿岛小学的前校长,奠定了改革的基础,秋山先生组织"学习会",支持教师的教学创造,并走访该校之后,一直在支持三宅校长推进的改革。

同日的下午,走访同样是仓敷市的琴浦南小学。该校教学改革的出色是令人惊叹的。琴浦南小学在平成十八年度(2006)在校长的领导下着手"学习共同体"的课堂改革。这个挑战因为藤原校长调任儿岛小学而由盐田大悟校长接手,并在盐田校长领导下开花结果。从去年度开始,琴浦南小学的经验在盐尻顺子校长的领导下得到了进一步的凝练与发展。在教学的风格方面、在儿童学习的品质方面、在教师作为专家的成长方面,该校均达到了"全国一流水准"。特别出色的一点是,教师在椅子上一落座便构成的儿童协同学习的场域关系。在对这所学校的造访中,我不得不作出了一个反省。该校成为改革中心的教师年年调动。从这一个事实看来,我是无法预测的:一旦觉悟到停滞,进一步的飞跃能否一定产生? 推进改革的力量超越了我的洞察力。我想,倘若我们能够掌握一种洞察的力量,洞察每一个儿童和每一个教师身上隐藏着无限潜能,那该多好!

改革的基地学校一旦在一个地区诞生,这个地区的所有学校就会缓慢地发生变革。未来冈山市与仓敷市的改革一定会进行到底——让我们怀抱着希望,守望着未来的改革。

人人是学校的主人

——"学习共同体"学校探秘

一、理想的实现

2011 年 12 月 8 日,参加千叶县八千代市立睦中学的公开研讨会。睦中学位于至今仍是民风淳朴的地区。学生数约为 160 名,教师数为 15 名的小型小学。原本是一所不起眼的中等水准的学校,如今其名声盖过当地所有的中学。这一天,参与公开研讨会的教师对神采奕奕地潜心协同学习的学生们的面貌,无不感叹。面对这种课堂的美,流下了感激的泪水。

在导入"学习共同体"的中学里,无论在哪一所学校都可以看见人人参与学习的场景。睦中学的学生参与学习的场景,比别的学校高出一等,达到了一流的水准。那么,是什么因素造就了这一场景呢? 在整整一节课的观摩之中,我一直不知其所以然。不管怎样,学生的言行举止是优雅的,埋头于探究学习的姿态是惊人的。那么,如此真诚、谦逊,如此绞尽脑汁醉心于协同学习的学生,是如何培育起来的呢?

参与公开研讨会的任何教师都抱有的这样一种感动与疑问,通过观摩在体育馆里进行的全校学生的"歌声·对话集会",达到了高潮。学生们合唱的歌声优美动听。他们以轻盈幽婉的声音、语言表象的张力以及音乐的柔和,交织在一起,构成了比以往的学校里听到的合唱更为出类拔萃的歌声。这种感动的深度,可从当日观摩的大约 300 名教师的表情窥见一斑:几乎在场的每一个教师都在这个"歌声·对话集会"上,感动得流下了热泪。合唱之后,全校学生坐在"U"字型排列的椅子上进行的"对话集会",也是高水准的。尽管"对话集会"不过是第三次,但由学生代表来设定课题并展开对话,自主性的发言一个接着一个,而且每一个人的发言都是那么丝丝入扣、动人心扉,犹如阵阵涟漪,在一个个学生的脑海中引发出新而又新的话语。这场对话的展开是一场压轴戏,犹如一件华丽的织物被编织出来。这一天,作为执行干事的学生选择的题目是"人为什么歌唱?"——这是一个哲学性的论题。校内的合唱节刚刚结束,每天从早到晚,在校园的各个角落,回响着合唱的歌声。学生们如此热心于歌曲、随时随地响彻着歌声的学校,是我从未经验过的。记得在哪一本书中说过,在中世纪的教堂里总是洋溢着修道士们读圣经、唱圣歌的氛围。睦中学就像中世纪的教堂那样,是一个"诵读与歌唱的共同体"。

↑合唱中的学生们

"人为什么歌唱?""我为什么歌唱?"——面对对话中的学生们的姿态,我不禁想起了在美国造访"学习共同体"学校与民主型学校之际,多次碰见的同样场景。在美国,这样的"对话集会"被称作"市民大会"。美国的民主主义是在共同体的全体成员共同参与审议的"市民大会"作为原点的基础上发展起来的。市民大会正是民主主义的核心所在。从哲学的角度围绕"人为什么歌唱"的论题展开对话的学生,在共同确证一个事实:人人(儿童、教师、家长)是学校的主人,他们每一个人的心中都在创造着犹如合唱般交织着的共同体。

二、教与学的锻造

回到最初的问题,睦中学为何能够变革为这样的学校呢?

睦中学的"学习共同体"的学校创建是在四年前由田边校长发动的。田边校长对现任校长武森公夫先生七年前在市内的阿苏中学实践的"学习共同体",感触良多,于是着手改革。而在三年前,这个武森校长从阿苏中学的校长调任为睦中学的校长,改革得以加速进行。

武森校长在睦中学之前任教了四年的阿苏中学曾经是市内最薄弱的学校。我同武森校长相会也是在七年前,武森校长邀约我支持阿苏中学改革之际。给我印象深刻的是,七年前的阿苏中学是警车常驻大门口的学校,学生的学力水准是我以往造访的学校中最低的。就是这样的一所学校,武森校长在四年间就出色地实现了改革。我们把武森校长魔术般的领导力称作"武森天下"。无论是阿苏中学的奇迹般的改革,还是睦中学的理想改革,无非是全面发动"武森天下"引擎的成果。武森先生自己说过,学校的可喜变化与学生们的成长,是学习改变人的潜在的可能性与学习实践的可能性的结果。他说:"不,佐藤先生,学习的实践的可能性是如此出奇地惊人!所谓'相遇与对话就是学习',可是一门深奥的哲学呢!"不过,在我看来,这种浪漫与热情正是所谓的"武森天下"。

公开研讨会的下午,是两节公开课(该校称之为"焦点课")与围绕这两节课程的教学评议。公开课是儿玉健司先生的《奥的细道》的"平泉"章①的教学(3 年级 B 班),盐田明子先生的《花之街》(团伊玖磨作曲)②的合唱课(3 年级 A 班)。所有课堂里的学生都是经历三年才培育起来的儿童,所有的教师也都是在这四年间在该校潜心于"学习共同体"改革的教师。这里的每一堂课都是返璞归真、真真切切地开展的,教师的教与学生的协同学习也是那么娴熟。特别是人人喜欢唱歌的该校学生挑战的这堂合唱课,他们把《花子街》的第三曲同前两曲进行对比,分组讨论如何唱得更好。他们以优美动听的歌声醉倒了前来观摩的教师。

三、成功的秘密:哲学与协同

参加了整整一天的睦中学的公开研讨会,可以接触到取得惊人成功的某些秘密。

该校是最忠实地践行"学习共同体"学校改革的愿景、哲学与活动制度的一所学校。武森校长把该校的实践归纳为这样一种表述:"相互倾听、相互链接、相互学习。"

武森先生从阿苏中学四年的"学习共同体"创建的经验中,学到了许多东西,他把这一切的见识与睿智全都灌注在睦中学的改革之中。事实上,睦中学的学校创建是彻底的。为了提升学习的品质,每一个教师带着个人研究的课题展开研修,每个教师在一个学年之内平均要上 10 节公开课,学年会与全体会合并起来一年要开一百次以上的教学研讨会,校内的同僚之间通过校长、副校长也上公开课,形成了亲密无间的平等氛围。

2011 年,睦中学的教师共同挑战的课题是"真实的学习"(authentic learning)的实现。所谓"真实的学习"是指基于学科本质的学习。数学的学习与文学的学习是不同的。凡是没有实现基于学科本质的学习,不能说是"优质的学习"。如今,在全日本的中学里都在寻求"协同学习",但其中有许多停留于不是"学习"的"相互对话"。"学习"是由"协同学习的关系"、"真实的学习"和"冲刺性学习"三个要素构成的。倘若单纯地追求"协同学习关系",而不追求"真实的学习"与"冲刺性学习",就会陷入没有"学习"的"相互对话"之中。睦中学的教师真切地理解了这个要诀,致力于课堂改革。这里隐含着该校成功的一个秘密。

再者,睦中学的"学习共同体"的学校创建,得益于家长、市民的积极参与和合作,得益于学校同社区的沟通与联动。在这里还隐含着另一个秘密。武森先生呼吁社区的家长与市民,组织了同学生共同学习的"学友会"。这一天的公开研讨会,30 多名学友会会员也应邀坐在来宾席上。今年暑假,武森先生与学友会会员计划赴新加坡造访当地的希尔谷劳布中学,该校是一所同新加坡国立教育研究所副教授斋藤英介先生合作的"学习共同体"的先锋学校。计划让学生与家长造访新加坡的学校,以一周时间寄宿民家的方式逗留,进行国际交流。有 19 名学生参加这个计划,包括教师、家长在内的 14 名成人同行,实现了"学习共同体"的国际交流。希尔谷劳布中学决定在 2012 年组织本校学生、教师与家长造访睦中学。这样,"武森天下"将会成为一个不断地圆梦的童话般的仙境。

睦中学的"学习共同体"的一个特征在于,整个学校构筑起了每一个学生展开活动性、协同性、反思性的学习共同体,学生、教师和家长都成为"主人公"(protagonist),实现了推进改革的民主主义共同体。这个秘密就在于武森先生的行为举止。武森先生总是让对方扮演主人公的角色,为学生、教师、家长、市民准备了扮演主人公的舞台。

为使他们每一个人成为主人公,武森先生以一个撰写脚本、指导戏剧出演的"舞台监督"的身份而行动着。

公开研讨会结束之后,同武森先生共进晚餐,尽情交谈。他满怀激情地说:"学习共同体是公立学校的使命。能够实现这种使命是作为一名教师的无上幸福。"在这里,同样也显示了"武森天下"的秘诀。

译注:

① 日本元禄时代俳谐师松尾巴焦所著之游记文集,元禄十五年(1702)印行,系日本古典游记作品的代表作。书中记述了松尾芭蕉与弟子河合曽良于元禄二年3月27日(1689年5月16日)从江户(东京)出发,游历东北、北陆至大垣(歧阜县)为止,全程约600里、历时约150天的见闻与沿途有感而发的俳句(5月13日游"平泉")。"奥之细道"即"深处的小路",指崎岖小路沿着山直通云际,也有人说指现实中的一条同名的"奥州的小路",即奥州当地的许多羊肠小道,与众不同。该书展现了松尾芭蕉独特的旅行风范,以及他的人生观、艺术观。
② 《花之街》是日本三大作曲家之一、日本艺术院会员团伊玖磨(1924—2001)创作的一部歌曲。他的创作颇丰,有《夕鹤》等7部歌剧,6部交响乐,多部管弦乐、电影音乐、戏剧音乐,还出版有散文集《烟斗随笔》。他于2001年在中国苏州巡回演出时病故。

学习共同体的现在

——第十五个年头的浜之乡小学

一、浜之乡小学的现在

神奈川县茅崎市立浜之乡小学（校长加藤清）迎来了创立十五周年，迎来了"第二个黄金期"。毕竟，这是一所靠平均年龄只有 31 岁的年轻教师阵容支撑起来的、充满活力的学校。

浜之乡小学作为"21 世纪型的学校——学习共同体"的先锋学校，是由茅崎市教育委员会一手创办的。该校的创办引领着全国各地学校改革的潮流，如今，在日本揭橥"学习共同体"、挑战改革的学校，小学约有 1500 所、中学约有 2000 所、高中约有 300 所。翻开"学习共同体"的家谱，可以知道，在全国各地每天有 3—5 所的先锋学校召开公开研讨会，所以在一年之中有超过 1000 次的公开研讨会在大约 300 所的先锋学校里召开。我本人每年会收到 1000 多所学校的邀请函，但能够成形的学校不满一成。因此，组织了约有 70 名的顾问团，形成了链接这场爆炸性改革的网络。

这场改革的原点就是浜之乡小学。2011 年 11 月 28 日，浜之乡小学举办第十四届公开研讨会。创办之初，每月的校内研讨会有 200 名以上、每年的公开研讨会有将近 1000 名的观摩者蜂拥而至。现在，每月的研讨会约有 60 名、每年的公开研讨会约有 300 名左右。夏天由该校主办"湘南论坛"，以 150 名的规模为限。通算下来，总计有数万名的教师造访了该校。那么，究竟是什么原因，导致该校会吸引如此众多的观摩者呢？

我自身自该校创办以来，每年以五次左右的节律造访该校，同教师一道推进改革。就我而言，对浜之乡小学的造访一次更比一次好，分享着富于魅力的经验。这一点即便是先锋学校的造访，也不可比拟。

首先，儿童的日常姿态是出众的。如此素朴无邪地、轻松愉快地学习、生活着的儿童姿态，在别的学校是看不到的。在这一天的公开研讨会上，世界课堂研究会（WALS）的参与者来自世界各国有 70 名左右。每一个来访者都对于儿童们优雅的言行举止惊叹不已。浜之乡小学的儿童为何能够如此落落大方、文质彬彬的呢？其秘密有两个。一个是，尊重每一个儿童的尊严，教师过细地贴近每一个儿童。每一个儿童都受到关注，得以安心地展开协同学习，使得每一个儿童悠然自得、身心愉悦。另一个是，儿童之间相互合作的关系。在教学中培育起来的相互倾听关系、相互应答关系、协同学习关系，使得"关爱共同体"与"学习共同体"融为一体。

二、传统与创造

从儿童的日常举止与课堂中的协同学习来看，历经十五年的积淀是意义无穷的。尽管儿童与家长每隔一年换一茬，教师也是每隔五至八年换一茬，改革的传统却无论在儿童中还是在教师中都能够一脉相承。从数年前开始，茅崎市教师的世代更迭就在急剧进行，浜之乡小学也是一样，包括校长、副校长、教务主任在内，平均年龄已经迈入30 来岁的状况。该校是拥有 23 个班级的大型学校，其中三分之二是由任职五年以下的教师担任的。像该校这种年轻教师占绝对多数的阵容的学校，应当说是少有的吧。即便这样，仍然在展开一流的教学实践，实在是难能可贵的。

在这一天的公开研讨会上，有两名年轻教师上了一流的公开课。藤森道子先生的《草鞋中的神》（5 年级 1 班），中岛信生先生的图工课（3 年级 1 班）。我观摩的是藤森先生的课，以往曾经观摩过《草鞋中的神》[①]超过 50 分钟的课，但这节课比其他的教学案例更出色，儿童重视教科书的字词句篇，能够充分地发现词语与词语之间的关联，而且能够作出丰富多样的解读，分享阅读的快乐。正如众多的观摩者所说的，这是一场"压轴戏"。无论如何，每一个儿童的学习面貌是出类拔萃的。

至于中岛先生自赴任该校以来，一直在创造性地展开美术教育，为提升整个学校艺术学习的品质做出了贡献。

↑藤森先生的文学课场景

浜之乡小学的课程结构由四个文化领域组成："语言教育"、"探究教育"、"艺术教育"、"公民教育"，寻求均衡和谐的教育。在近几年来的实践中，取得了显著进展的是"艺术教育"，其核心人物就是中岛先生。

造访该校的人们，无论在哪一个课堂里，都会被那些运用种种的技法求得美术表现的出色的作品群所震惊。在中岛先生的指点之下，无论在哪一个年级里，都可以看到教师们导入独特的意念与熟练的技法，这提升了儿童的绘画与陶艺表现的品质。该校在合唱的表现上也是有高评的，如今又增添了美术表现的高品位的学习。浜之乡小学富于特征的温文尔雅的儿童们的行为举止、感性与思考，毫无疑问，是基于这种"艺术教育"的陶冶而塑造出来的。

年轻教师们实现着毫不逊色的、高水准的学习的秘密，就在于借助校内研修而构筑的高品位的授业研究与高水准的同僚性。在该校，在校内与学年两个层面上，一年期间要进行一百次以上的教学课例研究。在2011年度，从四月份新学期伊始至11月28日公开研讨会为止，共举办了174次教学研讨会。

尽管是如此频繁的教学研讨会，但浜之乡小学并不是所谓的"研究狂的学校"。教师们通常是在规定的五点钟终结工作，有条不紊、轻松自然。会议每个月只召开一次教师会，没有校务分工的会议，杂务被限制在最低限度之内，形成了潜心于教学创造与授业研究的制度。这种传统自创办以来没有变化。

三、明日之展望

每当造访该校之际，令人吃惊的是教研室的氛围全然不同于别校。多少次的造访，但每一次教研室的场景都是新颖的。首先，每一个教室由四张书桌合并成一个工作台，每一个工作台上不放任何东西，只摆一些笔筒和简单的文具。任何学校的教研室里，在每一个教师的书桌上却摆满了大量的书本和资料，电脑与书架遮挡了彼此间的视线，这样的场景同浜之乡小学教研室的场景形成了鲜明的对照。每个学年的同僚性可以在教研室的书桌的配置及其空间上表现出来。因此，该校的教师们每日每时都在同学年的儿童交谈，同教材交谈，同课堂交谈。在开放的人际关系之中，实现着自然的协同学习与共同成长。

其成果之一就是教材研究的发展。"真实的学习"的追求引领着近年来浜之乡小学课堂实践的品质提升。在文学的教学中，再没有教师拘泥于询问"心情"、提问"为什么"了；在文学与诗歌的鉴赏中，再没有教师拘泥于"主题追求"与"课题解决"，或是草率地处理课文的字词句篇了；在数学教学中，再没有教师不以"数学推论"为宗旨的了，或者开发了种种的可以谓之"浜之乡方式"的教材。例如，与其先教"进位"不如先教"退位"，因为这样做，容易加深十进位的理解，减少之后运算上的差错。在教九九乘法之前，进行"打"（计算单位，等于12个）的运算。否则，只能把乘法运算视为"累加"，不能形成"平均数"的概念，甚至在之后的除法运算、分数、比例等方面，都容易产生挫折。

在"语言"、"探究"、"艺术"、"公民"各自的领域中，"真正的学习"的实践日积月累。支撑这些年轻教师的高品质的教材研究与授业研究的加藤校长以及资深教师的作用是巨大的。在这里，可以发现专家文化世代传承的典型。

该校的教师是根据每一个人自身的课题展开研究的。作为成果的研究杂志《寻求协同学习的学习：开发课堂、改造课堂》（年刊）逐年有所充实。我阅读了这份年刊，为其品质之高所折服。这就是年轻教师研究的能量。不仅仅是浜之乡小学，年轻教师相互学习、共同成长的学校的潜能，是无可限量的。在这里，我们可以发现日本学校未来的希望。

译注：

① 作者杉みき子(1930—   )，本名小寺佐知子。日本新潟县上越市出身的儿童文学作家，日

本儿童文学者协会会员。1957年《披肩之歌》获第七届儿童文学新人奖。其作品还有《小町的风景》等。

《草鞋中的神》以奶奶的回忆为中心,前后穿插一个名叫"真枝"的姑娘当下的家庭生活对话铺垫而成。故事梗概:

在一个寒风呼啸、雨雪交加的冬夜,真枝同奶奶围坐在暖炉旁看书。她突然想起明天是学校滑雪的日子,在同妈妈的对话中引出了一双奶奶珍藏的草鞋的故事。奶奶说:"草鞋暖暖的、软软的、不打滑。是的,在草鞋里还住着一位神呢。""草鞋里有神。""你这是迷信吧,奶奶。""哪里是迷信呀,这是千真万确的!"于是,奶奶围绕草鞋打开了话匣子:"当年一个草鞋匠的女儿,学做草鞋拿到集市上去卖。但是她做的草鞋做工粗糙,无人问津。一天来了一位年轻的木匠,把她那双卖不出去的草鞋买去了,而且从此天天来买她的草鞋。她纳闷地问他,木匠回答说:'用心制作的合脚的草鞋,有神在。制作草鞋的人也是神。倘若你嫁给我,我一定把你奉若神明。'"真枝至此恍然大悟,当年的草鞋姑娘原来就是眼前的奶奶,而当时的木匠就是爷爷。同时,她终于明白了奶奶所说的草鞋中的"神"的意涵。

参阅文献

走向学校再生的哲学

"读写能力"的概念及其再定义

一、何谓"读写能力"

"读写能力"是多义的概念。这个概念的内涵，最小可以定义为"读写能力"（识字）；最大则可定义为相对于"口承文化"的"书字文化"（以文字为媒介的文化）[①]。在这种最小限度与最大限度的意涵之中，基本上是后者的意涵。"读写能力"首先可以作为相对于"口承文化"的"书字文化"来界定。不过，作为教育概念的"读写能力"仅仅界定为"书字文化"是不充分的。尽管教育是以"书字文化"为基础形成的，但仅仅是阐述了常识而已，关于"读写能力的教育"的内涵，什么也没有说。

"读写能力"这一术语的历史，对于理解这个概念的教育意涵，是耐人寻味的。根据《牛津英语词典》（OED），"读写能力"（literacy）这个术语最早出现在 1883 年马萨诸塞州教育委员会发行的教育杂志《新英格兰教育期刊》，系指在学校里所教授的作为"共同教养"的"读写能力"。可见，"读写能力"的术语是在公共教育得以制度化的 19 世纪末，才作为教育概念而出现的。

在此之前，相当于"读写能力"（literacy）的语词是"literature"，现在仅限于意味着"文学"这一特定的文章体裁。这就是说，这个语词直至晚近，才意味着通过阅读而形成的"优雅的教养"或"博览强记"[②]。"基于阅读的教养"这一"literature"的原义，这个语词自 14 世纪从拉丁语引入英语以来，是一以贯之的。例如，培根（F. Bacon）就把"通晓一切文献的知识"称之为"literature"。而从 16 世纪开始使用的否定形的

"illiterate",表示"不学",有时意味着"不懂希腊语和拉丁语"。在 17 世纪与 18 世纪也是这样,"不学"(illiterate)的标准表示,读莎士比亚的戏剧而不能理解的程度。"Literate"的状态意味着"高度教养的水准",这是众所周知的。"Literature"在其后被限定在"文学"的今日的意义上,无非也是在近代文学的样式借助"优雅的教养"、作为撰写的作品出现之后的事。"读写能力"的原义"literature"中"基于阅读的优雅教养"这一意涵,是以文艺复兴之后的"人文主义"(humanism)为基础而出现的,16 世纪以降,在借助印刷术得以普及的阅读文化中沿袭下来③。

因此,"读写能力"的本义在于"高度优雅的教养","读写能力"或"识字能力"的意涵,作为一种教育术语则是后来附加上去的。"读写能力"或"识字能力"的意涵在 19 世纪末得以附加上去,作为教育史的一种讽刺,是耐人寻味的。晚近英国与美国关于读写能力的历史研究表明了这样一个事实:从公共教育制度化得以普及的 18 世纪到 19 世纪,识字能力反而下降。例如,根据英国的识字率实证调查研究得出结论,读写能力的发展发生于在 17 世纪与 19 世纪末,但 19 世纪大众的识字率比 18 世纪大众的识字率更低④。再者,历史地调查美国识字率的凯斯尔(C. F. Kaestle)的研究也对 19 世纪中叶公共学校的普及与大众识字率的相关问题提出了疑问,得出的结论是:倒不如说识字率的上升同之后大众出版物的普及相关。"年轻人以在学校里读《圣经》的能力去读《祈祷少年》⑤。"

在诸多发达国家,在普及"读写能力"或"教养"为目的、推进公共教育的时期,为什么识字能力反而会低落下来呢? 其最大的要因在于产业革命。大工厂的普及使得无需知识能力与工匠素质的简单劳动领域大量产生,手工制造业阶段的工匠行会组织所保持的制作技能与读写能力的教育功能崩溃殆尽。有的研究还指出了早期的学校基于《教义问答书》(问答式入门书)的教育模式,也是一个原因。雷斯尼克(D. P. Resnick)说,基于教义问答方式的教学是学校教育的原型,由于这种弊端所造成的"读写能力"(literacy)的缺失,至今未能克服⑥。《教义问答书》模式是否就是读写能力教育失败的要因,暂且不论,但现代学校在读写能力的教育上并未获得成功的事实,却是众多历史研究的一致见解。

"识字"或"读写能力"这一意义上的"literacy",发展为之后"功能性识字"(functional literacy)或"功能性文盲"(functional illiteracy)的概念。最早提出"功能性识字"概念的是 1930 年代罗斯福新政下组织起来的"民间国土保全部队"(Civilian Conservation Corps)。所谓"功能性识字"是表征在社会上自立所必需的基础教养的概念,在民间国土保全部队被定义为"受过 3—4 年程度的学校教育的教养水准"。这种"功能性识字"的标准,在 1947 年"国情调查局"(Census Bureau)被修订为四至五年程度的学校教育水准,1952 年修订为六年程度的学校教育水准。1960 年根据教育部(Office of Education)的规定改为八年的学校教育水准,到 1970 年代末变更为高中毕业程度的教养水准,直至现在。这个过程表明,作为"功能性识字"的"读写能力"的标准,是相对应于学校教育的大众普及的水准来规定的。在美国所用的"文盲"的意涵,通常是"功能性文盲"(未达到高中教养水准者),并不是众多日本人所误解的"不识字"的状态。

社会自立所必需的教养这一意义上的"读写能力"(功能性识字)的概念,1956 年,经格雷(W. Gray)在联合国教科文组织倡导,在发展中国家的读写计划中得以采用。根据联合国教科文组织的界定,所谓"功能性识字不仅涵盖了读写能力,而且涵盖了旨在成人之后充分参与经济生活的职业性、技术性的知识"[⑦]。

概括起来,"读写能力"承担着两种意义。其一是作为"教养"的读写能力这一传统的概念,这个用法长期以来意味着"高度的教养"或是"优雅的教养"。但晚近发生了变化,意味着"共同教养"(common culture)或是"公共教养"(public culture)。其二是 19 世纪末出现的作为"识字"或是"读写能力"的教养。这种用法作为学校教育的概念出现,支撑着"功能性识字"概念——意味着社会自立所必需的基础教养得以普及。综合这两个谱系,可以把"读写能力"定义为:"基于书字文化的共同教养"。"读写能力"是在学校中受到教育的共同教养,意味着社会自立之基础的公共教养。

二、对读写能力教育的三种逼近

读写能力教育在近二十五年来,成为教育改革辩论与围绕政策论争的焦点问题之一。在美国 1970 年代末的"回归基础"(back to basics)的运动中,读写能力教育是作为"三基"(读写算)的基础技能(basic skills)的教育展开的。1980 年代中叶以降,新保守主义的理论家发动了"文化教养"(cultural literacy)的教育运动。在日本,读写能力教育也出现了基于"新学力观"的教育现场的混乱,与围绕"学力低下"展开论争、因而彻底重视"基础学力"(读写算)的政策与实践。聚焦读写能力教育的一连串复古主义与保守主义的研究,其本身就表明,它们并不是把读写教育视为价值中立的,而是处于政治意识形态与政治力学的论争与抗争之中的。

站在批判哲学的立场上倡导"激进教育学"或是"越境教育学"的吉尔（H. Giroux）在他的《读写能力、意识形态与学校政治学》（*Literacy Ideology and Politics of Schooling*，2001）中，把"读写能力教育分"为三类——"工具性意识形态"、"交互作用意识形态"、"再生产意识形态"，分析了各自的政治功能⑧。下面，根据吉尔的三种分类，对读写能力教育的三类逼近的特征，作了概括和批判性探讨。

作为第一种类型的逼近，是基于"工具性意识形态"的读写能力教育，把读写能力界定为"工具性技能"（instrumental skills），并把这种技能的习得与巩固视为教育的课题，来阐述其主张与实践。把读写能力界定为"工具性技能"的观念起源于1910年代十年，应对产业主义而出现的"社会效率主义"（social efficiency）。之后，得到实证主义心理学与行为主义学习理论的支撑，形成了有关读写能力的支配性观念⑨。例如，把"基础学力"诉诸"读写算"（3R）的"基础技能"（basic skills）的学力观，并通过练习与测验巩固这种技能的教育，就是基于"工具性意识形态"的读写能力教育的一种典型。可以说，这种意识形态形成了读写能力教育的大众的通俗观念。

基于"工具性意识形态"的读写能力教育是以若干假设作为前提的。其一，是把读写能力视为思维与活动的"工具"或"手段"的能力观。这种观念是在1910年代的美国形成的，称之为"读法"、"写法"、"拼字法"、"算术"之类的"工具学科"（instrumental subjects）。这种用法，即便在丘伯雷（*Public Education in the United States：A Study and Interpretation of American Educational History*，1919）的教育史那样的学术性著作中也是沿用的⑩。

其二，"工具性意识形态"的读写能力教育把读写能力的教育视为价值中立的机械性的"技能"要素的集合。这种意识形态是18世纪以降以自然科学为规范的实证主义科学意识形态，特别是对知识的客观主义观念为基础的。按照这种见解，知识和运用这种知识的技能是在学习者和学习者的经验外部，像工具那样客观地存在的，所谓学习者与学习者的经验被视为一种无关系的存在。而且，这种知识与技能无非是操作性的概念，被视为一种脱离了历史的、文化的、社会的情境而存在的、发挥着价值中立功能的概念而已。

其三，"工具性意识形态"的读写能力教育把读写能力的教育被定型化了。1910年代根据博比特（J. F. Bobbitt）的课程理论，被定型化为以流水作业线为模式的教育过程；根据桑代克（E. L. Thorndike）的行为主义心理学，定型化为"刺激"、"反应"、"强化"的学习理论。大工厂的流水作业模式——设定生产目标、提高生产过程的效率，通过测量品质来进行管理,博比特在1918年出版的《课程》中翻译为"教育目标"、"教学效率"、"学力测验"这样一些"教育工厂"的"流水作业线"⑪。进而,舍去语言的象征功能与表象功能、根据行为主义学习理论把语言的操作技能定型化为桑代克的学习心理学,导致了在学校教育中把读写能力教育改变为"工厂制度"的机械训练。通过机械性的反复练习,借以巩固技能的"工具性意识形态"的读写能力教育,是社会效率主义的课程理论与行为主义的学习理论的产物。这种支配性的影响一直延续至今。例如,前述的联合国教科文组织界定的"功能性识字"也没有超越"工具性意识形态"的范畴。

不同于"工具性意识形态"的读写能力教育把知识与技能视为学习者外部的客观存在的见解,作为第二类型的逼近,是"交互作用意识形态"的读写能力教育,把知识与技能视为学习者同客观世界交互作用的产物,知识与技能是社会建构的产物。其典型可从欧洲的"博雅"(liberal arts)教育的传统中找到。

在博雅教育的传统中,读写能力的教育是教养教育的核心,是培养自律的个人的自由主义教育的基础。这种传统是受到借助"人文科学"(humanities)为中心的教养教育、使个人作为自由人而得到"解放"(liberate)的理念所支撑的,形成了欧美教养教育的传统。作为"交互作用"的读写教育,体现了将这种传统具体化的读写教育的模式与理论。在这种系谱中,知识与技能既不是想象中外部的客观存在,也不是机械地学习能够掌握的。知识与技能是通过其意义的网络而扎根于历史的传统,这种学习具有这样一种性质:它是通过学习者与文化遗产的交互作用,作为学习者主体地建构意义的活动。基于这种意识形态的读写能力的教育,是参与传承历史传统的人文主义世界的一种活动;是以教科书为媒介的文化意义的一种建构;是自由社会的主体形成本身。而立足于博雅教育传统的"交互作用意识形态"的读写能力教育是借助皮亚杰(J. Piaget)为代表的认知发展心理学来奠定基础的。

基于博雅传统的读写能力教育不仅以"交互作用"的学习为其特征,而且以要求学习者的"真实性"(authenticity)与"自律性"(autonomy)为其特征。"工具性意识形态"中的读写能力教育,体现了机械性地学习操作性技能的倾向,而基于"交互作用"的读写能力教育则鼓励在文化意义的传承与创造过程中自律地形成读写能力的学习。在"交互作用"的读写能力教育中,文学与诗歌作为课文被选择出来,就是因为尊重了学习者的真实性与自律性。

因此,立足于博雅传统的读写能力教育具有偏于精英主义教育与浪漫主义教育的倾向,同时也具有偏于文化保守主义的倾向。其典型之一就是1980年代以降的新保守主义所揭橥的追求"文化常识"(cultural literacy)的教育意识形态的抬头。"文化常识"这一"读写能力"的概念,是以专攻施莱尔马赫(F. D. E. Schleiermacher)为代表的解释学文学批判的弗吉尼亚大学大学赫希(E. D. Hirsch)教授的《教养立国》(1987年版)一书中提出的概念。

赫希的"文化常识"(读写能力)是美国人必需的"国民常识"(national literacy),意味着所有读者应当掌握的"信息网络",被界定为"背景性知识"(background knowledge)——人们阅读报纸、在公司与社区里能够进行顺利地沟通交流之际,甚至能够洞察所涵盖的言外之意。这种读写能力的概念是同揭橥博雅教养论的人们相通的,但赫希的特点在于他把"文化常识"作为超越了"时间"与"空间"的"普遍常识"(background knowledge)。赫希自身在其前述的专著中选择了作为美国人必须掌握的5000项知识点列举出来,这些知识是以西方文明的古典教养与美国国家的身份所必需的知识为中心选择的,而且强调其中80%是使用了百年以上的知识。

赫希提出的作为"文化常识"的"读写能力"所否定的不是"工具性意识形态"的"读写能力",而是文化多元主义教育。19世纪德国的解释学传承者赫希对于以解释作品主题的历史性为对象的伽达默尔(H. G. Gadamer)的"历史主义",或是对于强调读者的创造性解释的"心理主义",均持批判态度。根据赫希的解释,作品是超越了历史性与读者的个性、赋予了泛神论的意涵与价值的,读者只能是一种虚怀若谷的被动角色:忠实地解读作者意图。他的"文化常识"中的知识的普遍主义,是同这种复古主义解释同出一辙的⑫。

新保守主义的读写能力论正如赫希的典型言论所表明的,立足于博雅的传统,批判文化多元主义与相对认识论,在读写能力的教育中寻求国家主义、普遍主义的"共同知识"的教育。布卢姆(A. Bloom)的教养论、贝纳特(W. Bennett)的"遗产复兴"、拉维奇(D. Ravitch)的"历史常识"(historical literacy)的倡导,都是典型的案例⑬。

作为读写能力教育的第三类型的逼近,就是基于"再生产意识形态"的读写能力教育。再生产理论给予教育的理论与实践的影响是多种多样的。再生产理论揭露了学校教育是作为阶级、文化与性别的权力再生产过程而发挥作用的,展开了对于制约学校课程的政治的、经济的决定性因素的现实分析与批判。再生产理论还阐明了日常教育实践中根深蒂固的歧视、甄别、排斥的功能,探索了把教育实践作为一种文化的、意识形态的、政治性的实践来重新界定的方略⑭。

在"再生产意识形态"中,读写能力是作为"文化资本"来定义的。读写能力教育是家庭拥有的文化资本、在学校同社会的交往中发挥作用的、作为"象征权力"的文化资本的再生产过程；是引起阶级、人权、性别差异的对立与纠葛，围绕着歧视、压抑及其排除，而组织抗争的过程。被称为激进教育学的一批人，包括法国的布厄迪（P. Bourdieu）、美国的阿普尔（M. W. Apple）和吉尔，考察了教育中的文化再生产过程或社会再生产的功能与结构，并且以这种再生产过程派生出来的纠葛与抵抗为契机，探讨了同"批判性读写能力"（critical literacy）的形成相结合的可能性。后述的弗莱雷（P. Freire）的"解放的读写能力"，或许有可能成为通过再生产理论而形成的"批判性读写能力"的一种发展形态。

三、两种"共同教养"的概念

读写能力是学校教育应当培养的"共同教养"，作为"共同教养"的读写能力的概念，是以博雅传统为基础而形成的。这种基于博雅传统的"共同教养"的教育，迄今为止从两种立场展开了批判。

对博雅传统的第一个批判可以从作为"一般教养"（general education）的教养教育传统中找到。所谓博雅与一般教养，在日本往往是混淆的。然而，这两种概念具有各自固有的传统与意义，是不应当混为一谈的⑮。

博雅源出于柏拉图的《理想国》所描述的柏拉图学园，是中世纪欧洲大学的"自由学科"中发展起来的概念。它是培养精英的大学所要求的一种概念，意味着以人文科学为中心的学术领域的遗产与语学的教养，使个人求得精神解放的一种教育。在近代以来的欧洲大学中，专业课程得以组织，伴随而来的是博雅在大学的预备教育——中等教育——中得以实施。日本旧制高中的"教养教育"就沿袭了这个传统。

与此不同，"一般教养"是以摆脱博雅框架的方式，在美国的大学中发展起来的概念。它起源于第一次世界大战中对大量杀戮的反思为契机，在哥伦比亚大学杜威（J. Dewey）组织的"问题解决学程"。它意味着借助哈佛大学委员会报告书《自由社会的一般教育》（1945）而得以定型化的教养教育。博雅传统是旨在传承学术与文化的遗产、要求学生的人格与教养的整体性的一种教育，而一般教养则意味着面对学生集团，以一个板块整合内容，形成共同教养与价值意识的一种教育。因此，一般教养的"一般"并不是一般人误解的那种要求有别于专家教育的万能家的教育。其"一般"不是对学生的用语，而是有关教育内容的用语，是要求适应社会现实需求的课程的一般性概念。所谓"一般教养"的"一般"的概念是指作为公民教养,要求学校课程的结构化统整的概念⑯。

博雅的"共同教养"的传统要从保守主义与精英主义摆脱出来,就得重新评价作为"一般教养"的"共同教养"的传统。

对博雅的第二类型的批判谱系可以从女权主义的教育学发展中找到线索。女权主义教育学对博雅教育隐含的男性中心主义与精英主义展开了批判。为这种批判准备了出发点的是马丁(J. R. Martin)的论文《接受教育(教养人)》(1984)。这篇论文重新解释了墨西哥贫困的移民家庭出身的罗德里格斯由于学业优异,名牌大学毕业、获得博士学位的"成功的故事",把它解释为"丧失的故事":罗德里格斯作为"教养人"所受教育的过程中丧失了母语固有的文化,丧失了密切的家族关系与友人关系,丧失了对自然的热忱与对社会的关心。马丁通过接受教育、成为"教养人"的事实,说明在少数民族和女性身上"丧失的故事"的存在,剖析了学校教育的现实,指出了其机制的核心在于博雅教育。马丁针对博雅教育中丧失了的东西,提出了"3Cs"——"关爱"(care)、"关切"(concern)、"关联"(connection),倡导以"3Cs"为核心的新的教养教育的必要性⑰。对于博雅教育作出同样的批判,还有基于关爱伦理哲学、主张重建教育内容的诺丁斯(N. Noddings)⑱。

四、批判性读写能力论的展开

基于"再生产意识形态"的对读写能力教育的逼近,提出了"批判性读写能力"形成的课题。以第三世界的识字教育为中心提出"解放教育学"的巴西教育学家弗莱雷的理论与实践,被视为回应"批判性读写能力"要求的伟业而得到高度评价。

弗莱雷在《被压迫者教育学》(1974),用"储蓄概念"(banking concept)来描述基于"工具性意识形态"的读写能力教育的特征,同时展开了批判⑲。正如何时起作用的幻想之下来储蓄那样,这是一种获得、保持,以便日后使用的读写能力的教育意识形态。弗莱雷倡导让被压迫者从"储蓄概念"这一教育意识形态的束缚中解放出来,提出了通过"对话"谋求作为文化密码之意识化的"文化政治学"(cultural potitics)的读写能力的教育。

弗莱雷的解放教育学把"意识化"(conscientization)作为战略概念来活用,提出了对于意识的意识化、关于思考的思考与解释的再解释这一文化密码与文化意义的批判性解释。在弗莱雷看来，人是"象征意义的动物"（animal sympolicum），阅读书本的行为无非就是阅读世界的行为。从历史上看，并不是人在阅读语言之后来阅读世界的。首先是变革世界，然后是表象世界，然后才是创造语言。读写能力的教育应当是从读写语言之前、阅读世界的囊括性理解出发的。因此，弗莱雷的读写能力的教育并不是赋予的意义与技能的获得。读写能力的教育是具有以语言为媒介的世界性的文化意义的，是一种基于语言的再解释与再运用的文化实践的世界变革⑳。

显然，作为弗莱雷的文化政治学的读写能力的教育，不仅是对作为"工具性意识形态"的读写能力教育的一种批判，而且也是对基于博雅传统基础的"交互作用意识形态"的读写能力教育的一种批判。弗莱雷批判道：读写能力的"学术传统"，一方面是作为"经典名著"（great books）的教养教育推进的，同时在另一方面又被界定为"阅读的技能与语汇的发展"、把读写能力置于学习者外部的政治学意识形态所控制。"交互作用意识形态"中的认知发展的主体与客体的辩证法也应当在这样的实践——学习者同客观世界相遇与沟通，重新解释文化意涵，从而赋予变革性实践与对话性实践的意义——之中，再加以界定㉑。

五、从"读写能力"到"关键能力"

"工具性"读写能力的教育，其意义遭到批判，其效用急速衰退。一个典型的案例就是1970年代末美国展开的"回归基础"（back to basics）运动的失败。"回归基础"是一种保守性的、作为对教育改革的纠偏而展开的运动。可以说在政治上发挥了作用，但在教育上，主要在如下两个方面，以大失败告终。其一是反复练习作为基本的复古学习心理学的谬误。今日的学习心理学表明，基础性技能，越是基础性的东西，越不是通过反复练习，而是借助功能性学习来习得的。就是说，学习者通过丰富的运用这种技能的机会与经验来达到的。

"回归基础"运动以失败而告终的第二个理由，比第一个理由更大。这个运动展开的1970年代至1980年代初的美国社会，是一个从产业主义急速变化为后产业主义的社会。从商品的生产与消费的社会，过渡到知识与信息的生产和服务，这样一种经济活动的社会。1960年代末就业人口将近七成的工厂工人到了二十年后的1980年代末骤降到一成程度。这种劳动市场的猛烈的变化意味着产业社会里占多数的单纯劳动的消灭。以"三基"（读写算）为象征的基础技能的教育成为大量单纯劳动者所组织起来的产业主义社会的残渣,在后产业主义社会中是一种落后于时代的教育。其结果是,"回归基础"的教育造成了年轻层中大量的失业者。

由于全球化带来的从产业主义社会向后产业主义社会的过渡,要求重新界定读写能力教育。后产业主义社会是以信息与知识的高度化与复杂化为特征的社会,而且是知识与信息流动化、不断更新的社会。根据"世界经济合作与发展组织"(OECD)的测算,现在的儿童到他们参与社会的 2020 年,加盟 OECD 的 30 个国家的制造业的生产量将达到目前的 2 倍,但参与制造业的劳动者最多的国家不过 10%,最少的国家会骤降到 2%。可以说,把"读写算"的"三基"视为"基础学力"的"工具性意识形态"的读写能力教育的存在基础将会崩溃殆尽[②]。

后产业主义社会所要求的读写能力教育是怎样的呢?其全貌难以确定,不过,并不是以读写的基础技能的教育与人文科学的古典作为原型的博雅教育,是确定无疑的。

后产业主义社会的读写能力,是一种高度化、复杂化、流动化的知识社会中的基础教养的教育,需要作为批判性、反省性的思考力与沟通能力的教育加以再定义。

探讨后产业主义社会的读写能力模式的先驱性挑战,可举 OECD 的"关键能力"(key competences)的研究。OECD 从 1997 年开始着手"关键能力"的研究,在 IALS(International Adult Literacy Survey)、PISA(Program for International Student Assessment)和 ALL(Adult Literacy and Life Skills)的调查者得到应用。OECD 的"关键能力"模型被视为一种整体性、能动性的概念,被界定为囊括了成功应对复杂要求的知识、技能、态度,而要求适应社会的变化与课题——全球化社会的"机会不均等"、"急剧社会与技术变化"、"经济与文化的世界化"、"个人与社会的多样化与竞争、解放"、"价值规范的变化"、"贫困与抗争"、"生态学的世界化"、"新样式的沟通与异化"等。这种能力被界定为"自立性行为"、"交互作用地运用手段"、"与多样的人们共同生存"的能力[③]。

根据这种"关键能力"所编制并得以实施的,就是 OECD 的 PISA 调查。PISA 调查提示了 21 世纪所要求的读写能力的三个领域——"阅读能力"、"数学能力"、"科学能力"。以 2000 年加盟的欧盟国家为中心,实施了国际学力测验。

作为国际学力测验,此前"国际教育成就评价学会"(IIEA)的学力测验是世界知名的。IIEA 的调查是针对参与国中小学课程的共同内容,究竟在多大程度上被掌握了,而 PISA 调查则是围绕 21 世纪社会需要的"关键能力",调查"积极地思考牵涉未来生活的课题、运用知识、技能的能力"。这种调查的目的是："在多大程度上掌握了作为一个终身学习者得以持续学习的知识、技能。"

就像"读写能力的术语是旨在表征需要评价的知识、技能、能力的幅度而使用的"那样，PISA 调查中的"读写能力"是涵盖了知识的"内容"、"结构"、"过程"、"状况"的囊括性的概念。"阅读能力"被界定为："旨在达成自身的目标、发展自身的知识与可能性、有效地参与社会，理解、利用并熟练思考所书写的文本的能力"。通过"信息析取"、"文本解读"、"省察与评价"三个侧面编制评价量表。而"数学能力"被界定为："发现、理解数学在世界中的作用，能够在当下及将来的个人生活、职业生活、同成人、家庭、亲戚的社会生活、作为一个拥有建设性的关心的深思熟虑的公民的生活中，基于确凿的数学依据进行判断的数学能力。""科学能力"被界定为："旨在理解自然界及由于人类活动所引起的自然界的变化而做出决策，使用科学知识、明确课题、基于证据引出结论的能力。"② 所有这些读写能力的定义，都是广延性、囊括性的，涵盖了社会生活中运用知识的能力。

OECD 的"关键能力"的研究与"读写能力"的再定义，提示了 21 世纪后产业主义社会所要求的共同教养的一种性质，提出了重新界定读写能力教育的必要性。在政治、经济文化的全球化背景下，倘要求得和平的世界与民主主义社会的发展，应当怎样形成这样的公民教养呢？ 在知识高度化、复杂化、流动化的后产业主义社会里，作为书字文化的读写能力会发生怎样的变化、如何发挥这样的功能呢？ 不是把读写能力作为歧视、控制、压迫、排斥的手段，而是作为人人平等、自立、解放与和谐的手段，就得有怎样的教育实践呢？ ——所有这些，都牵涉到有志于读写能力概念的再定义的研究与实践，这种研究与实践无非就是选择与创造未来社会愿景的一种教育思考的挑战。

注：

① Ong, Walter Jr. , 1982, *Orality and Literacy*：*The Technologizing of the Word*, Methuen. (樱井直文、林正宽、糟谷启介译《声音的文化与文字的文化》，藤原书店 1991 年版。)
② Williams, Raymond, 1976, *Keywords*：*A Vocabulary of Culture and Society*, Harpar Collins Publisher. (椎名美智等译《关键词词典》，平凡社 2002 年版第 181—186 页。)
③ Graff, Henry J. , 1987, *The legacies of Literacy*：*Continuities and Contradictions in Western Culture and Society*, Indiana University Press.
④ 从 18 世纪至 19 世纪，揭示识字率降低现象的研究很多，如下文献作为一种实证研究是富有启发性的。Laquer, T. , 1976, "The Cultural Origins of Popular Literacy in England 1550—1850." *Oxford Review of Education*, Vol. 2, No. 3. pp. 225–275.

⑤　Kaestle. C. F. et al. , 1991, *Literacy in the United States*：*Readers and Readings since 1880*, Yale University Press.

⑥　Resnick Daniel P. , 1991, "Historical Perspectives on Literacy and Schooling," in Stephen R. Graubard(ed.), *Literacy. An Overview by 14 Experts*, Hill and Wang.

⑦　Gray, W. , 1956, "The Teaching of Reading and Writing," *UNESCO Monographs on Fundamental Education* (10), UNESCO.

⑧　Giroux, HenryA. , 2001, "Literacy, Ideology and Politics of Schooling", in Henry A, Giroux (ed.), *Theory and Resistance in Education*：*Toward a Pedagogy for the Opposition*, Bergin & Garvey, pp. 205 - 231.

⑨　佐藤学《美国课程改造史：单元学习的创造》，东京大学出版会 1990 年版第 3 章《基于"效率性"原理的单元学习的再编》第 77—93 页。

⑩　Cubberley, E. P. , 1919, *Public Education in the United States*：*A Study and Interpretation of American Educational History*, Houghton Mifflin.

⑪　"教育目标"的概念基于"学力测验"的"品质管理"的概念之类，是基于大工业模型的隐喻而形成的教育意识形态，是一种计划。读写能力教育的"工具性意识形态"也有同样的起源。作为现代劳动管理体制的泰勒制度，在课程的科学研究的创始人博比特的论文 The Elimination of Waste in Education(*The Elementary School Teacher*, Vol. XII, 1912)以及 Some General Principles of Management Applied to the Problem of City School System (*The Twentieth Yearbook of the National Society for the Study of Education*, 1913)中被翻译成教育理论。详见佐藤学《美国课程改造史：单元学习的创造》，东京大学出版会 1990 年版第 3 章。

⑫　Hirsh, E. D. , 1987, *Cultural Literacy*：*What Every American Needs to Know*, Houghtion Mifflin. (中村译《教养立国》TBS 不列颠百科全书 1989 年版。)

⑬　新保守主义的一连串的读写能力(共同教养)论有如下：Bloom, A. , 1987, *The Closing of the American Mind*, Simon & Schuster. (菅野盾树译《美国精神的终结》1988 年みすず书房。) Bennett,W. , 1988, *Our Children and Our Country*, A Touchstone Book. Ravitch, D. & Finn, C. E. , 1987, *What Do Our17 - yearOlds Know?* Harper & Row.

⑭　Bourdieu, P. , & Passeron, J. C. , 1977, *Reproduction in Education*, *Society and Culture*, Sage. (宫岛乔译《再生产》，藤原书店 1991 年版。)

⑮　佐藤学《普通教育的迷茫：失落的课程》(日本电信电话株式会社广报部《COMMUNICATION》35 号,NTT 出版,2 月)、佐藤学《课程论评：走向公共性的建构》世纪书房收录。)

⑯　Purves, A. , 1988, "General Education and the Search for a Common Culture, " *The Eighty-Seventh Yearbook of the National Society for the Study of Education*, Part2, Chicago University Press, pp. 1 - 8.

⑰　Martin, Jane Roland. , 1984, "The Educated," *Research Bulletin of Boston University*.

⑱　Noddings, Nel. , 1992, *The Challenge to Care in Schools*：*An Alternative Approach to Education*, Teachers College Press.

⑲　Freire, Paulo. , 1974, *Pedagogia do Oprimido*, Paz e Terra. (小泽有作译,亚纪书房。)

⑳　Freire, Paulo & Macedo Donald. , 1987, *Literacy*：*Reading the World and the World*, Bergin & Garvey.

㉑　Freire, Paulo, "Literacy and Critical Redagogy. " in Paulo Freire & Donaldo Mac *Literacy*：*Reading the World and the world ibid.* , *pp. 141 - 159* .

㉒　OECD & UNESCO Institute for Statistics, 2003, *Literacy Skills for the World of Tomorrow*：

Further Results from PISA2000 , OECD Publications.

㉓ OECD, 2002, *Reading for Change*：*Performance and Engagement across Countries*：*Results from PISA2000* , OECD Publications.

㉔ 国立教育研究所编《为了生存的知识与技能：OECD学生的学业成就度调查(PISA)2000年调查国际结果报告书》，行政出版公司2002年版。

作为专家的教师

一、教师的专业特性

学校教育的改革没有从事日常教育实践的教师们的创造性努力,就不可能实现。教师的工作是决定儿童与社会未来的责任的重大工作,是直面社会与文化的棘手问题的复杂困难的工作。教师的工作往往被视为谁都可以担当的单纯工作,但从现实情况来看,可以说,即便是积淀了长年经验的优秀教师也难以胜任困难重重的工作。

在日本的法律术语中,关于"教师"是用"教员"来表述的。按照大学的规章修完了规定的学分、取得教员许可证,通过都道府县教育委员会实施的录用考试合格者,即可成为"教员"。不过,"成为教师"却是一生的课题。在这里所谓的"教师",意味着承担公共使命的"专业"(profession)的"教师"。"专家"(professional)并不是意味着"specialist"的语词。所谓"profess"是意味着"神的委托"的语词。从这个意义上说,历史上最初作为专家被认定的是牧师,其次被认定的是大学教师,再次是医师及律师,然后才是教师。但是,教师即便把自己界定为"专家",社会是否把教师作为"专家"?

像医师与律师那样作为"专业"来确立的"专家",拥有如下六个特征。第一,职业的目的不是出于私人利害,而是公共福利。第二,拥有大众所不具备的高度专业知识与技能。第三,在专业领域的职域中的自律性与自由得以保障。第四,拥有养成专家的高端养成机构(当今是研究生教育),拥有提升专业技能与见识的研修机构。第五,组织了进行资格认定的自律性的专家协会。第六,拥有独自的伦理纲领,在专家协会中有自我管束伦理责任。

对照这六个要件来看,教师的现实是,第一个要件是充分的,其他五个要件是不充分的。教师的教育专业知识并没有像医师、律师那样的高度与精确,自律与自由也没有得到行政的认可,没有组织学会——医师、律师那样的专家协会,没有通过研究生教育阶段来培养专家,基于伦理纲领的资格自我管理也尚未实施。在现实的制度中,教师同行政的一般公务员一样,是"公仆"(public servant)。作为专家的地位、自律性、自由均没有保障。这就是实际的状态。可以说,法令与行政文件所称的"教员"这一术语,意味着作为"公仆"的教师的现实。

二、从技术熟练者到反思性实践家

1980 年代中叶以降,教师的专业化成为世界教育改革的中心课题。中心课题之一是,怎样的专家形象是作为未来的专家形象来建构?以往提起专家,就像医师、律师为代表那样,具有专业的、科学的知识与技能,通过其科学的理论与技术在实践之中的运用能力,来评价其专业性。倘是立足于这种见解,教师就是一种"幼稚的专业"。这是因为,教师的职域太复杂;工作中所要求的知识、见识与技能太复杂;构成实践之基础的科学理论与技术又太不确定。

但是,置于科学理论与技术确凿性的基础之上的专家形象,业已显示出破绽。马萨诸塞工学院哲学家舍恩(D. Schou)在《反思性实践家:专家是如何思考的》(1982)中指出:以往的"科学技术的合理运用"作为"实践原理"的"技术性熟练者"(technicalexpert)的专家,不能应对当今的顾客所存在的复杂难解的问题,同顾客一道从事现实的复杂问题解决的"反思性实践家"(reflective practitioner)这一新的专家形象,正在凸显。可以说,"反思性实践家"并不是把专业的狭窄的理论应用于实践,而是同顾客一道置身于泥沼般的现实情境中,以"行为中的反思"(reflection in action)这一实践认识论为基础,基于经验的见识与广阔的视野,同复杂难解的课题展开格斗。

"反思性实践家"这一新的专家形象开辟了教师未来形象的新可能性。以往构成"幼稚专家"的要因是教师的"不确凿性"。从"反思性实践"的视点看来,却是体现了教育实践的创造性,"行为中的反思"这一实践认识论是同通过案例研究提升实践见识的教师的成长过程相符合的。而且,在以往的专家概念中,专业化的推进是同官僚主义化或是强化专家与顾客的权威性的权力关系密不可分的。但在"反思性实践家"中,专家与顾客是以平等的立场,建构起合作进行问题解决的关系。作为舍恩的"反思性实践家"的新的专家形象,在众多国家的教育改革中构成了教师专业化的理论基础。

三、教师文化的研究

教师研究的主要领域之一是教师文化研究。所谓"教师文化"是指教师这一职业集团所形成的一种模式化的文化。确实,教师总是有着像个教师的独特的意识、思考、感悟与行为的方式。

研究教师文化的目的有两个。其一,教师自身觉悟到束缚自己的文化。其二,揭示教师共同体中培育作为专家的专业文化的课题。

在这两个课题中,挑战前者课题的经典研究是芝加哥大学的沃勒(W. Willer)的《课堂社会学》(1932)。这本书是在七十多年前写的,但阐述了教师批判的几乎所有内容,即便在今天读来也感觉新鲜。沃勒描述了"教师文化的陈规旧习",论述了教师文化的最大问题就在于"非人性"(impersonality)。他说的是,这种"非人性"是教师在"权威性"的、"欺瞒性"的人格扭曲的职业生活中形成起来的。

沃勒指出了造成教师"非人性"的两个原因。一是人们对教师寄予了过多的道德教育期冀的问题。就是说,过分地期待教师对儿童的道德说教,使得教师把自身置于"道德的权力化"而反反复复地"欺瞒"的境地。沃勒用巧妙的比喻表达了"教师的工作类似于飞镖"。确实,教师通过对儿童的反反复复地说教,结果使得教师自身陷入了"权威性"的、"欺瞒性"的人格。沃勒阐述了教师的"非人性"的另一个原因是,教师游离于社区。不同社区的人们交往,往往就会在教师同僚的关系之中构筑起封闭的狭窄的世界。

另一个提示了确立专家文化之必要性的代表性课题研究,就是芝加哥大学社会学家洛蒂(D. C. Lortie)的《学校教师:社会学研究》(1975)。洛蒂的结论是,教师作为自律性的专业之所以不成熟的原因,也可以说是"职业病"的"不确凿性"(uncertainty)。正如洛蒂指出的,教师的工作充满着"不确凿性"。在教育目的的问题上,教师的见解是不一样的。在教育技术上,也不存在划一的绝对确凿的东西。在一个课堂里有效的技术,在另一个课堂里就不能保证有效。教育的评价也是不确凿的。某个人评价为精彩的教育实践,在别人那里就可能作为缺陷来评价。

洛蒂指出,"不确凿性"这一教师的特性影响到教师的意识、情感、行为等各个方面。例如,教师拒绝来自外部的评价,被囚禁在"蛋壳"般的课堂里,把自己的教室封闭起来。"不确凿性"的焦虑,使得教师往往产生驱使考试的倾向,在同僚之间产生头头,产生服从权威的倾向。"不确凿性"进而在教师的意识与情感之中,对教育学、心理学产生根深蒂固的不信感,导致自身体验走向绝对化的倾向,如此等等。

洛蒂分析教师情感的手法是新颖的。试举一例,洛蒂调查教师"在一周中星期几最幸福,星期几最不幸",听取"幸福日子的片段"、"不幸日子的片段"。这个调查的目的并不在于了解"幸福的日子"与"不幸的日子",而是通过教师所说片段的分析,洛蒂发现了,在教师"幸福"的故事中出现的是课堂里的儿童,在"不幸"的故事中出现的是课堂外的校长与同僚。在教师中存在着被封闭在"蛋壳"般的教室中寻求儿童与小小的幸福的倾向,形成了对处于不幸的漩涡之中的教室之外的事件漠不关心的性向。这种情形是不可能培育起自律性的专家的。

通过对教师文化的考察,洛蒂提出了教师教育改革的方向:教师通过研究的积淀,克服"不确凿性",作为专家参与学校的运营,对教育行政也要有发言权。

根据这些教师文化的研究,我认为教师的工作具有三个特征:"回归性"、"不确凿性"、"无边界性"。"回归性"是同沃勒用的比喻"飞镖"相对应的。教师工作的一个特征是,归根结底总是要回归教师自身。不管家长如何险恶,社会如何险恶,教师的责任终究推卸不了。"不确凿性"正如洛蒂精彩地描述的那样。"无境界性"不仅表征教师工作的复杂性,同时也表征教师工作的无边际性。教师的工作没完没了,教师的职业生涯是作为"没有终结的故事"而实现的。

教师文化随着时代与社会的不同而形成多样重层的结构。日本教师文化的重层性及其变化,如图4-1所示。该图的纵轴设"官僚化"与"民主化",横轴设"专业化"与"非专业化",借助两个轴可以表征四种教师形象及其文化类型。

官僚化

作为公仆的教师　　　　　　　　　作为技术熟练者的教师
(教师行政文化＝支配性教师文化)　(教师研修中心和大学的教师教育文化)

非专业化————————————————————————专业化

作为劳动者的教师　　　　　　　　作为反思性实践家的教师
(教育工会的文化)　　　　　　　　(以自主研修与非正式研究会为基础的专业文化)

民主化

↑图4-1　教师形象的类型及其文化

第一类型，"作为公仆的教师文化"。这种教师文化的特征在于对儿童与家长的服务精神与对工作的遵法精神与献身精神。不同于战前的国家奉献者，战后的教师被重新界定为对儿童与家长的献身性服务者。这种类型构成了战后日本教师文化的底色。这种教师文化是今日的教师工作无限扩张、繁忙以及像蜡烛一般燃尽自身的要因。

第二类型，"作为劳动者的教师文化"。是针对战前的"圣职者"的教师形象提出来的，实质上是第一类型"作为公仆的教师文化"的一种对抗文化，是通过教师工会形成起来的教师文化。这种类型的教师文化得以普及是在1960年代，"雇佣教师"、"被教师"这类语言极其普遍，其实是一个教师无产阶级化的时代。

第三类型，"作为技术熟练者的教师文化"。这种教师文化面对学校课程的中央集权控制强化的1960年代降，通过教育行政所推进的专业化中得以渗透。1960年代以降，文部省和都道府县教育委员会以研究指定校和研修中心为中心，谋求教师的专业化，在效益与效率中推进求得"有能教师"的在职教育。通常说"教师是教学的专家"的时候，这种教师形象就是把教师视为"技术熟练者"而设定的。

第四类型"作为反思性实践家的教师文化"，是第二类型的对抗文化，是以教师的非正式文化作为基础形成起来的。日本教师文化的一个特征就是，大正自由教育以来，第四类型的教师文化都是通过非正式的草根运动而发展起来的。例如，在日本的小学与初中，基于课堂观察而展开的课例研究作为校内研修的一种方式固化下来，这种传统直至最近在国外仍然不存在。去外国的书店，一线教师执笔的书籍寥寥可数，但在日本的教育书籍与杂志中，一线教师有大量的著作出版，实践经验与见识的交流非常活跃。可以说，这些传统体现了舍恩提示的"反思性实践家"的文化。

四、走向专业文化与同僚性的建构

1980年代以降，世界各国提升教师的专业性与自律性的改革作为教育改革的核心领域风起云涌。同这场改革运动相呼应，教师的研究在两个领域获得了进展。其一是教师的"实践知识"（practical knowledge）与"实践见识"（practical wisdom）的研究，其二是教师作为专家共同成长的"同僚性"（collegiality）的研究。

关于教师的实践知识的研究，是以斯坦福大学的舒尔曼（Lee. Shulman）为中心展开的。舒尔曼强调教师专业性的基础在于教师在教育实践中运用的知识，"学科教学知识"（pedagogical content knowledge，简称PCK）作为专家的教师知识的核心。他主张，正如医师通过临床研究、律师通过判例研究来学习作为专家的知识与技术一样，教师的"课例研究"（case method）是专家教育的中心课题。

另一方面，教师通过教学的创造性与研修，作为专家共同成长的"同僚性"的研究，是加利福尼亚大学的利特尔（J. Little）提出的。利特尔通过大量案例研究探讨了"成功学校"的要素，提出了学校内部连接教师之间的纽带——"同僚性"，是最大的要因。尔后，"同僚性"的研究成为学校改革的中心课题。

正如"同僚性"的概念所表明的，教师不可能独自一人成长。促进专家的成长与自立的前辈指导者作为检修者，这种前辈做出的指导谓之"检修"，充当这种检修的前辈与同僚教师的作用是重要的。不管怎样，校内教师作为专家共同成长的"同僚性"是具有决定性重要作用的。优秀教师的最大条件就在于教师自身能否反思自身的实践，作为专家持续地展开学习。以"同僚性"的建构为核心的学校组织与教育实践的改革，正是我们的诉求。

从授业研究的轨迹学到的智慧

——稻垣忠彦的"教育学"①

一、溘然长逝的悲痛

2011 年 8 月 18 日,稻垣忠彦先生(信浓教育会教育研究所所长、东京大学名誉教授)溘然长逝。享年 79 岁。我收到先生因病情突变而住院的通报、赶赴医院,是在 7 月 16 日。收到病危通知是在 8 月 16 日,正是韩国"学习共同体"研究大会的高潮。收到"见最后一面"的口信,在翌 17 日的夜,赶到了先生的病榻前。先生紧紧地抓住我的手,笑着说:"有太多的话要讲哪!""授业研究传遍了世界,太好了。""先生的授业研究已传遍世界了。"我回应道,我是最后的面谈者。只见刚动笔的论文便条散乱地摆在先生病榻的枕头旁。先生就是这样一位教育家,在生命的最后一刻,依然在念念不忘授业研究的发展与教师的成长。

失去稻垣先生已有两个多月的现在,我仿佛依然不时地会在门口或者在车站的嘈杂声中听见"喂,我是稻垣"的声音,有这种感觉的不单是我吧?稻垣先生始终如一地站在教育研究的第一线,同时,又像是"慈父"一般,或是作为"同志",温柔地、持续地激励我们这些后来的研究者与教师。失去先生的悲凉越是深刻,稻垣先生越是会走近我们的人生,贴近我们的身边。他的音容笑貌时刻会浮现出来,引领我们前行。稻垣先生就是这样一种存在。

二、潜心研究的进程

稻垣先生的教育研究以《明治教授理论史研究：公共教育教学定型的形成》（博士学位论文，1966 年初版，1995 年增补版，评论社）为起点，同编纂《长野县教育史》（课程篇）、编纂《近代日本教科书教授法资料集成》（1982 年版，东京书籍）、编纂《日本的教师》（1993 年版，行政出版公司）相关的教育方法的历史研究；以《教师的意识研究》（硕士论文）为起点，同《教育实践的构造与教师的作用》（《现代教育学》，1961 年版，岩波书店）、《教师的人生历程：昭和史中的教师人生》（1988 年版，东京大学出版会）相关的教师研究；以及从《美国教育通信：寄自大国的小镇》（每日出版文化奖，1977 年，评论社）到《为了儿童的学校：英国小学的案例》（1984 年版，东京大学出版会）的课堂与学校的比较研究，涉及多领域的研究。不过，正如稻垣先生自身一直明言的，以课堂为基础，同教师合作展开的授业研究，构成了先生终身从事的教育研究的核心。

稻垣先生始终如一地同别人合作展开研究工作。他同谷川俊太郎先生、竹内敏晴先生、石井顺治先生和我，一道执笔的《诗的教学》《"日本语"的教学》（国土社），在这个成员中再加上河合隼雄先生、佐伯胖先生等人，以《丛书·授业》（全 10 卷，别卷 1，岩波书店）为首，在授业研究中不断地吸收教育学研究者之外的专家学者，推进同教师的合作研究。

稻垣先生始终如一地开辟独特的、创造性的研究道路。在先生的这种风格之中隐含着他对教育学者常犯的"独善主义"与"帮派意识"的抵制，也隐含着他对大学人常有的逃避现实、自我封闭的批判。他以自己的生活方式展示了借助内外的"开放"，每一个人以平等的关系结成的自律的教育者纽带的姿态。先生不断地追求"独立思考"，却又始终如一地作为"全体中的一员"（one of them），坚持定位自己作用的风格。

三、授业研究的步伐

稻垣先生一生的工作核心在于促进授业研究与促进教师作为专家的成长。作为先生的研究对象的所谓课堂的事实，是心理的事实和认识论的事实，同时也是社会的事实、文化实践的事实。

稻垣先生是一位针对教育研究的官僚性、闭锁性的制度化，持续地挑起最敏感的

↑恩师稻垣忠彦先生

反应与抵制的教育研究者。以教师的自律性为基轴，"开拓课堂"——先生始终如一地与广泛的人脉形成纽带，不孤高自恃。迈开独特步伐的一个缘由，就是由于他对丧失"自律性"、深陷"闭锁性"的教师的危机意识，贯穿在授业研究的思索与行动之中。

稻垣先生的授业研究是同一线教师的合作事业。这种合作始于他赴任的东北大学、宫城教育大学所处的仙台的中小学教师的"实践检讨会"。转任东京大学之后，同"教育科学研究会教授学部会"（教授学研究之会）的斋藤喜博为中心的教师合作；同东京大学断断续续二十六年的"第三土曜会"、"学习国语教育之会"的东海、关西的教师的合作，乃至在东京大学退休之后，在滋贺大学从事在职教育研究、在帝京大学从事教师教育与国语教育研究，以及从2001年开始的十年间，作为信浓教育研究会教育研究所所长专注于在职教育的研究，通过同教师的合作，潜心从事授业研究。

对于稻垣先生而言，同教师的合作就是授业研究本身。所谓先生的授业研究，就是通过同教师的合作、在课堂里创造授业的新事实的一种活动。在世界各国，今日授业研究作为"课堂研究"（レッスン・スタディ）得到广泛普及，具有"行动研究"的性质。先生创造的授业研究，比欧美研究者倡导授业的"行动研究"方式，整整早了二十五年。进一步可以说，这种"行动研究"是以授业的观察、记录、评议为基础，开发教职的专业性。在欧美国家,1980 年代中叶聚焦的"案例研究"的方法,先生早在 1960 年代中叶开始就已经在实践与研究了。基于授业研究来开发教师的专业性的方法,自从大正期(1912—1925)以来,就被日本教师文化的不拘形式的传统所支持。通过先生忠实地传承,比欧美教育学者早二十年开拓了从国际上看是极其先进的教育研究方式。

四、作为实践学的教育学

在稻垣先生的基于同教师的合作、从事课堂事实的创造与教职专业性的开发这样一种授业研究的方式之中,荡漾着旨在克服教育研究与教育实践的二元对立的精神。不过,研究与实践的二元对立的克服,既不意味着预成论的融合,也不意味着借助外烁能够达成。可以说,它是在教育研究作为一种研究而自立、教育实践作为一种实践而获得自律性的过程之中,在教育研究内化教育实践、教育实践内化教育研究这样一种交互媒介的关系之中,而得以实现的。对于实现这种事业的艰难性以及由此而生的这种倾轧,有时甚至是令人讨嫌的体验,作为研究者的稻垣先生,比谁都更加了解。"向实践者学习"——稻垣先生的这句话,以其简约的表述,体现了研究者与中小学教师的合作中旨在形成上述交互媒介关系的原则。

稻垣先生通过同中小学教师的合作而创造的教育学,是基于"技术知性"与"实践见识"的教育学。

这种教育学是作者的恩师、也可以说是同东京大学教育学部创设之父的海后宗臣先生的教育学部的构想直接相关的。事实上,稻垣先生终生对海后先生抱持尊崇之心。东京大学教育学部的教育学,在创办之初,就赋予了这样一种学问的性格:以教育实践的研究为中心,统领种种相关领域的基础研究。这种战后教育学的革新传统,正是稻垣先生授业研究的母体。稻垣先生教育学的步伐,从这个意义上说,是正统地传承东京大学教育学部创始的战后教育学传统,终生锻造、发展其基本精神的一部历史。授业研究则处于这种教育学的核心地位。

五、同教师休戚与共

稻垣先生的授业研究,是终身同教师休戚与共展开的。对于稻垣先生而言的授业研究,意味着理解、激励、帮助创造教育事实的教师的充满苦难的活动,意味着同教师休戚与共的实践。在稻垣先生教学研讨会现场的发言中，不管是多么严厉的批评语言，都充满着与教师的共鸣和对教师的信赖。事实上，无数教师通过基于同稻垣先生合作的授业研究，得到支持、激励与培育。这种关系，不是做出某种指导、帮助其实践，而是同教师共享实践与成长的课题，通过理解每一个教师的劳苦与烦恼，稻垣先生从中也发现自身成长契机——借助这种方法，最终实现了教师作为专家的成长。这是一种无与伦比的绝妙关系。

与此相应，对于背离教育实践的研究、对于居高临下指手画脚的所谓实践点评、对于中伤授业者的研究者，他是深恶痛绝的。我敬重这位稻垣先生，我能深刻领会到严峻的语言中隐含的信赖。不过，在专攻教育学的研究者之中，不能理解这种愤懑的人肯定是存在的。尽管叹息教育研究者的浮躁与偏狭，也知晓置身于易受中伤的险境的危险，稻垣先生却仍然矢志不渝地寻求哪怕是多一个教育研究者能够沉潜教师的内部，并同一线教师结成坚不可摧的纽带。稻垣先生虽然永远是那么高远，但他的授业研究的大门却一直向着教师敞开。

我清楚地记得，稻垣先生同来自长野县的、当时还是学部 3 年级学生的派遣研究生河原利藏先生相遇，成为尔后终生同一线的中小学教师合作的起点。就是说，稻垣先生的教育学是同一线教师同甘共苦、向教师学习、支持教师工作的教育学。像稻垣先生那样，同一线教师构筑起亲密无间的纽带，从教师身上持续地学到教育的智慧，对一线教师寄托无限的希望——这样的教育学家是绝无仅有的。他的研究风格是卓越的。从他 1961 年执笔的《教育实践的构造与教师的作用》（岩波讲座《现代教育学》第 18 卷），可见一斑。可以说，这是日本第一篇从学术高度揭示"作为专家的教师"的教师概念的论文。在"教师即劳动者"论席卷教育学与教育运动的时代，揭示"作为专家的教师"的形象——这种先见之明是令人惊叹的。而且他借助杜威的教育哲学，为这个论断的论据奠定了基础。世界教育学家在教师研究中达到这篇论文的水准，则是二十五年之后的事。

六、斋藤喜博、林竹二与先生

稻垣先生的授业研究，是通过同教师的合作、支撑教师作为专家成长的研究。这种研究之所以能够结出丰硕的果实，有赖于同斋藤喜博为代表的教师之间密切合作的实践与研究。特别是同斋藤喜博的相遇与合作始于教育科学研究会的教授学部会。

具体地说,这个部会原本是以胜田守一先生为中心的"认识与教育"部会,后来由稻垣先生接手,并同斋藤喜博合作发展起来的。尔后作为"教授学研究会"独立出来。教学创造是同教师自身的变革联系在一起的,进而又与以教学创造为中心、推进学校创造的教职业专业性的开发联系在一起的——这种结构是借助他同斋藤喜博的合作实践与研究而形成的。可以说,稻垣先生的授业研究、教师研究的架构就是这样形成起来的。

不过,稻垣先生与斋藤喜博之间的亲密关系,从稻垣先生的赴美研究回国之后的1977年由于斋藤喜博的单向绝交而断绝了往来。在出国研究之前,稻垣先生吸收林竹二与加入教授学研究会,遵从稻垣先生的劝告,林竹二开始了课堂授业的云游。在某研究会上,林竹二指出,在教师向儿童灌输的教学中,迷失了作为儿童事件的学习。这个点评,被斋藤喜博理解为对他个人的批判。于是,斋藤便同执意让林竹二加入教授学研究会的稻垣先生绝交了。

这时稻垣先生的苦恼与烦闷,甚至达到了令人看着都心痛的程度。一时间,稻垣先生似乎从授业研究隐身,专心致志于学术的世界了。不久,稻垣先生也同林竹二疏远了。决定性的事件是,林竹二出版《教育亡国》(筑摩书房),约请稻垣先生写书评。《教育亡国》把战后民主主义的反面教员角色的田中耕太郎捧上了天,这种阐述稻垣先生是难以认同的。对林竹二的失望,也同对斋藤喜博的绝望一样,是无以复加的(稻垣先生有关这些事件的烦闷,在任何场合均未声张。尽管在我同稻垣先生的私人交谈中,直到先生逝世前的三十多年间会偶尔提及。我从他的缄默不语之中,看出了稻垣先生的矜持)。

七、向教师学习

同斋藤喜博绝交之后的1980年以来,稻垣先生像不死鸟那样,重振新的授业研究。"向教师学习"的口号所体现的学术态度,以及"全体中的一员"这句口号所表征的同教师之间的平等、民主的关系,形成了稻垣先生的授业研究与教育学研究的精髓。在这次重新振作迈开步伐之中,我受惠于稻垣先生的学术指导,也同先生一起,参与了同教师的合作研究。对于我来说,实在是莫大的幸运。

在稻垣先生授业研究的重整旗鼓中,有三位教师加盟。第一位是东京都的教师前岛正俊先生,第二位是长野县的教师牛山荣世先生(已故),第三位是三重县的教师石井顺治先生。作为研究者加盟的有佐伯胖先生,还有后辈的我,以及秋田喜代美先生。

在这些人际网络的核心之中,稻垣先生一直致力于新的授业研究与教师教育的创造。直到他仙逝,稻垣先生的授业研究都是借助这个网络展开的。这种步伐,凭借着他的远见卓识,实现了他人不可企及的光彩业绩。

授业研究的重整旗鼓是通过称之为"授业协商会"的组织,运用课堂录像记录、促进教师专业发展的案例研究的开发与普及,得以开启的。在这个新的征途中,前岛先生、牛山先生、石井先生承担着同稻垣先生的合作研究与实践。然后,通过石井先生同我的合作,发展为谷川俊太郎先生、竹内敏晴先生也参与进来的丛书——《诗的教学》《"日本语"的教学》——出版的研究,进而发展为以稻垣先生为中心,河合隼雄、谷川俊太郎、竹内敏晴、佐伯胖等人合作,从事授业实践的案例研究的《丛书·授业》的计划与发行(稻垣先生在他整个生涯中在出版的规划上也发挥了堪称出色的编辑能力)。

正如稻垣先生在诸多论著中反复强调的那样,《丛书·授业》的计划与发行,一方面拥有授业的实践者,另一方面又拥有专业的学者与文化人,围绕具体情境中的授业实践的实例而展开批评的挑战。在这个过程中,作为教育学者的能力与责任受到了最严峻的拷问。稻垣先生直面这种严峻性,锻造了先生自身的授业研究的思想与理论。这种严峻性,一方面是迷人的知性兴奋的经验,同时,另一方面又是严酷的训练场。对于作为教育学者的自身而言,同样是严峻的考验。

经历这场挑战与经验,稻垣先生的授业研究使得"向教师学习"的立意更加鲜明,使得促进教师专业发展的授业研究的立意更加明确。这种立意,同 1980 年代中叶以来成为世界教育改革核心主题的教师专业化与教师及学校的自律性的形成这一国际教育学研究的动向,同出一辙。

稻垣先生的研究步伐,在其整个生涯中始终如一地面向内外。一方面,在自己的内心世界产生值得探究的问题;另一方面,将自己内心世界的问题探究又同整个日本社会的课题联系起来、同世界的学术动向联系起来。由此成就了稻垣先生学术的高峰。

八、授业研究与教师教育

稻垣先生的授业研究尔后转向"向教师学习"与"培育教师"。以稻垣先生与前岛正俊为中心的"第三土曜会"在他在东京大学任职的二十六年间一直在持续。从东京大学退休之后,他说:"今后回到原点,专注于教师教育。"他希望从学术研究的框架中摆脱出来,去滋贺大学教育学部再就职。因此,参与了五年的在职教育工作,后又在帝京大学埋头从事五年的"培育教师"工作。从 2001 年到 2011 年仙逝之前,在牛山荣世先生的协助下,稻垣先生作为信浓教育会教育研究所所长,一直专注于"向教师学习,培育教师"的工作,充满着青春与活力。其热情与能量不像是 70 来岁的人。可谓老骥伏枥,志在千里。即便在稻垣先生宣告治愈无望的病榻上,临终之前,他也竭尽最后的生命力,坚持信浓教育会教育研究所的教师研修的工作。我目睹着他在病床上的这种面貌,听他诉说着对教师们的殷殷期待,再次感受到稻垣先生对教师工作的无限敬重与对教师成长的一往情深,更加深了对于先生的敬畏之感。对其高尚的人格的敬佩不禁油然而生。

稻垣先生的教育学作为日本教育学是以教师的授业实践为核心的教育学,是稀有存在。稻垣先生同教师合作的一以贯之的步伐,实现了开创日本学校与教师未来的希望的伟业。无论对于我而言,还是对于众多的教师而言,稻垣先生都是巨星般的存在。

痛失稻垣先生的悲恸是永远不会消褪的,而且会在日后愈益感受到这种悲恸的巨大。不过,而今又会屡屡在大门口听见"喂,我是稻垣"的声音。先生,您永远活在我们的心中。我们一定会坚持"向教师学习、培育教师"的教育研究,继续支撑教师的授业实践与授业研究。这种传统与学恩,是我们永远的珍宝。

译注:

①　本章原题为《追悼:稻垣忠彦的授业研究》。其实,佐藤学教授另有一篇大体同样内容的题为《从授业研究的轨迹学到的智慧:稻垣忠彦的教育学》的文稿,收集在《学校改革的哲学》(东京大学出版会 2012 年版第 177—190 页)中。译者在这里移用了似乎更能突出该主题思想的这个标题。

译后记:走在改革的征途上

在当今"全球化"时代,一股创建"学习共同体"的学校改革潮流在国际基础教育界风起云涌。陈腐的教育思想、课程范式、教学制度正在土崩瓦解,"应试教育"赖以生存的一切糟粕,被丢进了历史的垃圾堆。在这场新世纪的学校改革潮流中,日本佐藤学教授的教育研究无疑是一个典型的案例。

佐藤学教授的教育研究大体集中在两个方面。一是教育思想,特别是"学习共同体"哲学的研究。在佐藤学看来,任何教育的思考都带有哲学探讨的性质,重新审视教育行为与经验的意涵而展开的教育实践研究,同样如此。学校教育的实践及其研究不仅有其哲学基础,而且教育实践与教育研究本身就是一种哲学实践、作为一种哲学探讨而形成的。佐藤学围绕当代教育问题展开的一系列的哲学探讨——解读"学校"这一装置的历史哲学、构成学校改革之基础的学习的哲学、教育文化的哲学、构成教育公共性之基础的杜威的政治哲学,以及学习共同体的哲学,为广大读者提供了批判"应试教育"神话、批判"教学科学"神话的锐利武器。可以说,他的三部曲代表作:《课程论评:走向公共性的重建》、《教师这一难题:反思性实践》、《学习的快乐:走向对话》(中译本结集为两卷本:《课程与教师》、《学习的快乐:走向对话》,均由钟启泉译,教育科学出版社 2003、2004 年版)以及新近结集出版的《学校改革的哲学》(东京大学出版社 2012年版),就是他多年来探索后现代主义批判方法,摸索作为文化政治学的教育学研究的结晶。

二是学校改革的实践研究。佐藤学教授主张,"教育研究者不仅需要从书本中学习,而且需要从课堂的事实和教师工作的具体经验中学习。倘若可能,同教师合作,参与实践问题解决的经验是必要的。我们可以把这种工作称为教育研究者承担的实践研究"(佐藤学《课程与教师》,钟启泉译,教育科学出版社 2003 年版第 237 页)。他作为一个"行动研究者"亲自走进课堂,去钻研一线教师直面的具体实践课题。从 1998年开始,同茅崎市教育委员会合作,致力于"学校共同体"的学校改革实践。他同一线校长一道创办的"先锋学校"——浜之乡小学,作为"21世纪型学校"备受世界教育界的关注。这样,一场揭橥"学习共同体"的学校改革的"宁静的革命",遍及日本各地。如今,日本国内有小学1500所、初中2000所、高中300所的学校在展开挑战,并且拥有了大约300所的"先锋学校"。这种学校改革的实践研究是没有国界的。事实上,佐藤学教授的研究是以日美的课程改革与教师教育改革的合作研究为基础的。他风尘仆仆,奔波于欧美各国,也遍访中国、韩国、墨西哥、新加坡、越南、印度尼西亚等二十七个国家。三十多年来,在国内外中小学课堂听了10000多节的课,致力于耕耘"学习共同体"的学校改革实践。近十年来,他的诸多论著陆续译成中文、韩文、英文、法文、德文与西班牙文,为越来越多的各国读者带来震撼,被誉为引领世界"课堂革命"的"鲜活的教科书"。

这本《学校见闻录:学习共同体的实践》(小学馆2012年日文版)是继《学校的挑战》(钟启泉译,华东师范大学出版社2010年版)、《教师的挑战》(钟启泉、陈静静译,华东师范大学出版社2012年版)之后的又一本聚焦教师课堂创造的实像、反映新世纪世界学校改革潮流的论著。佐藤学教授指出,学校是"教育的现场",学校改革的一切答案在"现场"。然而,无论是教育政策的决策者还是教育学者对作为"现场"的学校几乎漠不关心,根本不想从"现场"学到智慧。佐藤学教授反其道而行之,摩顶放踵三十载,点化学校三千所,为新时代学校改革的愿景——"学习共同体"的创建,积淀了厚实的教育实践。在这本书中,他为读者描述了从世界各国学校现场采撷的那些激动人心的寻求"学习共同体"创建的学校改革信息、场景及其教育智慧,"旨在通过仔细描述学校这一'现场'的动态,从学校层面来验证进入学校改革的趋势,探索其可能性"。本书是《学校见闻录:学习共同体的实践》(小学馆2012年日文版)的全译本。译者在"参阅文献"中增加了两篇佐藤学的论稿:《"读写能力"的概念及其再定义》(原载日本教育学会《教育学研究》70卷3号,2003年)、《作为专家的教师》(原载放送大学丛书《教育方法》左右社2010年版),为中国读者洞察学校现场的实态、思考"素质教育"的基本课题——何谓新时代青少年应有的"素质";何谓新时代理想的"教师形象";何谓教育的"实践研究"——提供历史的、理论的视野和日本的经验。一如既往,本书又承蒙佐藤学教授早日惠赐《中译本序》,不胜感激。

君子坦荡荡,小人长戚戚。本书描述了一个"行动的教育学者"眼中的"变革的学校"、"变革的课堂",以及锐不可当的创建"学习共同体"的学校改革浪潮。书中记录的每一个故事对于新时代的教育革新者而言是一段段动人的乐章,对于应试教育的信奉者而言则是一声声覆灭的丧钟。读者透过本书,可以发现世界各国众多的教育革新者是如何日复一日地探索着新世纪"课堂图景"的创造的;可以聆听到他们——每一个儿童、教师与家长,是如何一道挑战"学习共同体"的改革实践,演绎"学校主人"的传奇的;可以领略到一腔热血的研究者和教育行政官员是如何闯出一片思想解放的天地的。书中提及的我国各地中小学的几个案例,真实地再现了我国新课程改革中极其平凡而又令人欣慰的镜头。确实,我国的新课程改革迈开了新世纪"课堂革命"的步伐,成为世界课堂革命的一个东亚案例。不过,一个不容忽视的事实是,"应试教育"在中国大陆的鼓噪并没有绝迹。尽管新课程改革已有十多年了,应试教育的信奉者却仍然在顽固地表现自己,他们时而谩骂、时而嘲讽、时而哀嚎,但终究是强弩之末。因为,应试教育本质是反教育。"同而不和"的应试教育的世界归根结底是同新时代的发展格格不入的。

我国的中小学教师大军经历十年新课程改革的洗礼,正以胸怀坦荡、满怀自信的姿态走在改革的征途上。革新的教师坚信,素质教育终将替代应试教育,这个大趋势是不可逆转的。中国未来的教育世界一定是"和而不同"的素质教育的世界。

图书在版编目(CIP)数据

学校见闻录:学习共同体的实践/(日)佐藤学著;钟启泉译. —上海:华东师范大学出版社,2014.2
ISBN 978 - 7 - 5675 - 1822 - 3

Ⅰ.①学… Ⅱ.①佐…②钟… Ⅲ.①中小学教育-经验-世界 Ⅳ.①G639.1

中国版本图书馆 CIP 数据核字(2014)第 037467 号

学校见闻录
学习共同体的实践

著　　者　佐藤学
译　　者　钟启泉
策划编辑　彭呈军
审读编辑　丁学玲
责任校对　赖芳斌
装帧设计　卢晓红

出版发行　华东师范大学出版社
社　　址　上海市中山北路 3663 号　邮编 200062
网　　址　www.ecnupress.com.cn
电　　话　021 - 60821666　行政传真 021 - 62572105
客服电话　021 - 62865537　门市(邮购)电话 021 - 62869887
地　　址　上海市中山北路 3663 号华东师范大学校内先锋路口
网　　店　http://hdsdcbs.tmall.com

印 刷 者　常熟高专印刷有限公司
开　　本　787×1092　16 开
印　　张　13.5
字　　数　219 千字
版　　次　2014 年 4 月第 1 版
印　　次　2017 年 3 月第 4 次
印　　数　12201-15300
书　　号　ISBN 978-7-5675-1822-3/ G·7209
定　　价　28.00 元

出 版 人　王　焰